PAUL EN MONGOLIE

Domitille Cauet

Paul en Mongolie

Fayard

Couverture : Antoine du Payrat
Photographie : © Domitille Cauet

ISBN : 978-2-213-70632-0

Dépôt légal : avril 2018

À toi, l'ami(e) qui a partagé un café, une discussion, un sourire,
un regard compréhensif, un mot ou un geste de tendresse,
un verre au soleil couchant, une larme, un fou rire,
une balade en forêt, un dîner chaleureux, une soirée au théâtre,
un concert, un projet, un chagrin, une bonne nouvelle…
À toi, l'amie qui a répondu à mon appel.
À toi, l'ami(e) qui m'a offert un havre de paix pour écrire,
une seconde famille.
À toi, ma famille, fidèle au poste – oncles, tantes, cousins –,
qui incarne avec tant de vérité les valeurs chères à mon cœur.

À toi, Papa, que j'entends depuis là-haut me crier :
« Avance, bats-toi, ne lâche rien ! »
À toi, Maman, grand-mère attentive et tendrement fantasque,
dont l'amour inconditionnel m'a soutenu toutes ces années,
à vous mes frères.

À toi, l'homme que j'ai tant aimé et qui m'a offert
mes plus grands bonheurs.
À vous, mes sœurs de cœur, à qui je peux tout dire sans crainte.
À vous, nomades de Mongolie,
dont la générosité est infinie comme la steppe.
À vous, les parents d'enfants différents, dont je reçois chaque
jour des leçons de courage et de combativité.

À vous, mes fils dont je suis si fière, à toi, Paul, dont la pugnacité,
la sensibilité m'émeuvent et me sidèrent, toi dont le regard pur
et innocent me révèle la laideur et la beauté du monde.

AVANT-PROPOS

« On est fidèle à soi-même, et c'est tout. »
Jean Anouilh

À Domitille, à l'adolescente que j'ai connue :
brillante et ouverte au monde.
À cette jeune femme qui a su déployer
le meilleur d'elle-même
au service d'une cause à la fois personnelle
et généreuse.
À ce parcours imprévu qui finalement
lui ressemble tant.
Avec toute ma fidèle admiration et mon amitié.

Les paysages que Paul et Domitille traversent ne nous sont pas inconnus. Il ne s'agit pas d'une terre étrangère et lointaine que l'on explore ; il est bel et bien question de là où nous vivons, un espace si vaste et si divers que l'on pourrait penser qu'il peut accueillir tout le monde, et pourtant parfois si aride à l'autre qu'il peut devenir inflexible.

Le parcours que Paul et sa mère accomplissent nous raconte ce chemin de lutte, de la naissance de Paul jusqu'à aujourd'hui. Ces combats quotidiens, avec soi-même pour l'acceptation, avec les autres pour l'inclusion.

Tous les autistes ne marchent pas sur le même chemin, mais tous ont besoin de notre mobilisation pour avancer. Tous ont droit à une place. Il est de notre devoir de les accompagner.

Il est également d'une ardente nécessité de rompre l'isolement des familles, de l'entourage. Il nous appartient de soutenir ceux qui aident.

Au cours de ces derniers mois, j'ai fait beaucoup de rencontres. J'ai échangé avec des médecins, des chercheurs et des familles. Le dépistage précoce est le préalable indispensable à l'accès à des thérapies efficaces qui permettent de trouver sa place au milieu des autres.

Paul a pu bénéficier de thérapies comportementales qui lui ont ouvert des portes jusqu'alors restées closes. Elles lui ont apporté les joies de l'échange, d'une nouvelle complicité avec ses proches, la faculté de prendre pleinement part à ce voyage vers ce nouvel horizon.

Cher Paul, Chère Domitille, en Mongolie on dit que « l'oiseau fixe son nid sur la cime de l'arbre ». Vous avez choisi de voir haut, d'aborder des cimes que l'on pouvait juger insurmontables, de toujours ajouter un défi à l'audace d'hier.

Nous avons décidé d'ouvrir une voie nouvelle, de progresser en regardant les choses telles qu'elles sont, avec cœur et raison. L'autisme est divers, les situations sont multiples, et les moyens de progresser discutés et injustement partagés. Nous devons là aussi réussir à stopper la spirale de l'accumulation des obstacles. Il faut favoriser l'accès à l'éducation, à la santé, à la culture et à l'emploi. Tous doivent impérativement vivre parmi nous, les mêmes choses que nous.

Le voyage de Paul en Mongolie, c'est un voyage au sein de la différence. Nous aussi nous devons la surmonter, avoir de l'audace. Pour Paul, pour tous ceux qui sont différents. Pour nous-mêmes.

Cher Paul, chère Domitille, votre parcours est une belle aventure. Elle n'est pas terminée. Mais elle nous dit aussi combien tous nous avons notre part de chemin à faire, et combien nous vous le devons.

Brigitte Macron

PROLOGUE

L'été 2017, j'ai emmené Paul en Mongolie.

Ce voyage a une histoire.

Celle d'un déjà long parcours, dans un monde qui semble parfois parallèle. Celle de vies qui se croisent, de rencontres qui ne doivent rien au hasard.

1996 : Un cours d'ancien français à la Sorbonne. Une jeune femme belle, élégante, s'assied à côté de moi, l'air un peu angoissé. « Est-ce que je pourrais photocopier tes notes ? » Elle m'explique que c'est parfois difficile de suivre, pour elle. L'étude de la langue du Moyen Âge n'est pas une sinécure. Je peine aussi, mais je lui promets mon aide. Puis je lui demande sa nationalité. Une aura mystérieuse l'entoure, ses mots ont une intonation particulière que je ne parviens à identifier. Ses traits ne sont pas ceux de mes autres camarades. Elle a les pommettes hautes, le nez fin, les attaches délicates. Et des yeux d'un noir profond qui s'étirent comme l'infini de sa terre. « Je viens de Mongolie ! » me répond-elle de l'air le plus naturel du monde. Comme si la Mongolie était la porte à côté. Comme s'il était courant, sur les bancs de la Sorbonne, de rencontrer des étudiantes mongoles. Elle est en fait la seule, et elle ne mesure absolument pas l'exotisme que cela peut représenter. Saranguerel a quitté sa patrie et sa famille pour venir étudier notre langue et les écrits des voyageurs médiévaux sur son pays. Je la trouve singulièrement courageuse. Un monde, une culture s'ouvrent à moi. C'est le début de notre amitié.

Je crois au destin. Saran et moi nous sommes trouvées, et j'ai aussitôt eu le sentiment qu'il devait en être ainsi. Une de ces rencontres fortes, instinctives, précieuses et rares. Saran m'a fait aimer son pays parce qu'elle en parle avec son cœur, avec ses gestes. Ambassadrice passionnée, elle porte en elle toute la fierté et la noblesse de son peuple. Elle en incarne l'intense identité.

Longtemps, nous avons parlé de sa terre, unissant nos solitudes à Paris. Elle m'initie à sa langue, aux chants mongols que j'apprends en phonétique, à ses traditions culinaires. Elle me présente des artistes. Je lui fais découvrir ma région, et l'invite le week-end dans ma famille.

Puis, un jour, c'est tout naturellement qu'elle me dit : « Je me marie dans mon pays. Viens ! » Je ne me souviens pas avoir hésité longtemps ; je réunis les quelques économies faites grâce à mes boulots d'été, je prends un billet que l'agence de voyage n'avait jamais vendu auparavant, et je me jette dans une aventure dont je rêve depuis que Saran a croisé ma route.

Je ne peux ici en quelques mots seulement expliquer comme cette expérience m'a bouleversée. Sans l'hospitalité et la culture de son peuple, la Mongolie ne serait qu'un vaste espace sans âme. Les paysages sont d'une rare beauté, certes. Mais ce sont les échanges humains qui ont fait le caractère exceptionnel de ce voyage. Ce pays n'a cessé de me surprendre et de me ravir chaque jour. J'y ai puisé une énergie nouvelle qui, longtemps, m'a portée.

Et puis, la vie a repris son cours… Les années ont passé. Saran est devenue maman. Femme d'expatrié, elle vit à l'étranger et déménage souvent, même si son port d'attache reste la région parisienne. On s'écrit, on s'appelle. Nous parvenons à nous croiser parfois, de façon un peu ritualisée, pour le Nouvel An mongol, en février. Elle continue inlassablement de mener des actions pour promouvoir sa culture. Artiste dans l'âme, elle monte sur scène et fait connaître les chants traditionnels de son pays. Elle veille aussi à mettre en place des actions de solidarité entre la France et la Mongolie. Elle devient même styliste et chef d'entreprise en créant sa marque, ainsi qu'une société de commerce équitable, une usine de cachemire qui offre des emplois décemment rémunérés à des femmes d'Oulan-Bator. Un parcours exceptionnel et atypique, tourné vers les autres. Moi, je me cherche professionnellement.

Après mes études de lettres, sans la ferme certitude de vouloir devenir enseignante, j'intègre pendant deux ans le service « Réseaux et projets culturels » de TV5. Je travaille en relation avec les Alliances françaises et les professeurs de l'étranger pour développer l'apprentissage du français *via* l'audiovisuel. Je voyage et suis au contact permanent d'amoureux de notre langue, d'ardents défenseurs de notre culture et de notre Histoire. Des hommes et des femmes qui voient la France comme le pays de Rousseau, de Voltaire, de Hugo, le pays des droits de l'homme. Et puis je vis une grande histoire d'amour à laquelle je me dédie et qui, en 2002, voit l'arrivée de mon premier garçon, Gabriel. La vie change, nous ne sommes plus le centre de notre existence. Je me lance avec bonheur dans l'aventure de l'enseignement. Je me marie, et Saran est un de mes témoins. Je prends soin de mon nid, je suis heureuse.

2006 : En septembre, quatre années après Gabriel, nous accueillons notre deuxième fils, Paul. Nouvelle rencontre, avec ce petit être dont le regard et les sourires me remplissent le cœur. Un bébé adorable et qui, pourtant, hurle – longtemps – le soir avant de s'endormir. Le temps passe. À 18 mois, Paul marche à peine et ne dit pas un mot. J'en parle avec mon généraliste qui me rassure : c'est un garçon, il prend son temps. À la crèche, les puéricultrices s'interrogent : entend-il bien ? Il ne réagit pas à son prénom, interagit peu avec les autres enfants. Je fais vérifier son audition ; tout est normal. Il me fait rire, avec son attitude dans sa chaise haute, le visage sérieux et le regard fixé vers le lointain. Je l'appelle « Monsieur le Président ». Il ne supporte pas le bruit de l'aspirateur. Il adore les câlins. Il reste le nez collé à la fenêtre pour observer la rue. Il ne parvient pas à faire le puzzle que fait la voisine du même âge. Il fait des lignes de ses petites voitures qui traversent tout l'appartement. Il éclate de rire sans que je sache pourquoi. Il ne parle quasiment pas, quelques sons que seuls nous comprenons. Je l'aime.

Il entre à l'école.

Sa différence me saute aux yeux.

Et là, un long, un très long combat commence.

2006 toujours : Rupert Isaacson fait le pari fou d'emmener son fils autiste Rowan chevaucher dans les steppes de Mongolie. Car c'est sur un cheval que Rowan a dit ses premiers mots. Il fera de cette expérience un livre autobiographique, *L'Enfant Cheval*, et un film documentaire. Ce témoignage d'une expérience unique, d'un voyage fascinant aux confins du monde, je le découvre en 2010, et j'en suis bouleversée. Le récit lie deux aventures qui font écho à mon propre parcours. On ne me dit rien, je sais que les similitudes sont là. Je ne suis pas encore capable de prononcer le mot, mais, au fond de moi, j'en ai la certitude : Paul est autiste.

2016 : Sept années de batailles, de doutes, d'espoirs, d'errance, de progrès. Paul parle bien, maintenant. Le diagnostic d'autisme est enfin officiel. Grâce à la thérapie comportementale qu'il a commencée il y a deux ans, il entre dans la lecture et l'écriture. Il travaille tous les jours, il est très courageux. Il a plein de copains. Chaque avancée est une immense victoire.

Et moi, je me sens un peu vide, essoufflée. J'assiste à une conférence en octobre. Il s'agit de la présentation d'un voyage, « Autoy Ovo Tota ». Le projet insensé de deux frères et une sœur : celui d'aller à la rencontre du peuple mongol à bicyclette. Huit cents kilomètres à travers la steppe. Aurélien, l'aîné, a 33 ans. Baptiste et Margot, son frère et sa sœur, aiment dire qu'il ne parle pas la même langue que nous. Aurélien a des troubles autistiques qui ne lui permettent pas de s'exprimer. Mais rien ne l'empêche de communiquer, et il adore le vélo.

Je suis touchée en plein cœur. Je me dis que je veux vivre cette expérience avec Paul, passionné par tous les moyens de transport et par les chevaux.

Saran suit à distance les progrès de Paul, et mes états d'âme. Elle m'appelle la semaine suivante, et me propose de l'accompagner en Mongolie l'été 2017.

Tout concorde. C'est une évidence. Et une urgence. Urgence de vivre.

Je dois retourner dans le pays des hommes centaures avec Paul.

Juillet 2017 : L'amour est le fil conducteur.

1
UN LONG VOYAGE

Ce voyage, Paul, nous l'avons commencé il y a bien plus longtemps. Et, en écrivant, je reconstitue ce puzzle complexe qui commence à faire sens.

Notre parcours est à la fois tristement banal et singulier. Banal, car il rejoint celui de milliers d'autres familles en France, confrontées au handicap. Et singulier parce qu'il existe tant de formes d'autisme.

Toi, pièce unique, avec tes courbes, tes arêtes, tes étranges arrondis. Tu dois trouver ta place puisque, paraît-il, il faut entrer dans le cadre…

Je suis devenue maman avec ton frère aîné, Gabriel. Temps précieux consacré à ses premières années, savoureux et tendre plaisir de le regarder grandir. Et quatre années durant lesquelles j'apprends à ses côtés ce rôle, doutant, me référant à ce que j'avais appris de ma propre mère, et le réinventant à l'aune du caractère de ce petit garçon rêveur et plein de vie.

Ton papa et moi, tous deux issus d'une fratrie de trois, et parce que nous sommes heureux, c'est tout naturellement que nous formons le projet d'un deuxième enfant. Neuf mois à t'attendre, t'imaginer, te rêver. Seule une vague angoisse commune aux mamans : vais-je savoir t'aimer autant que ton frère ? Une attente sereine, à l'exception des derniers jours. L'échographie révèle que tu seras un garçon costaud.

Et arrive le jour du terme prévu. Tu ne viens pas.

Je fais des allers-retours à l'hôpital. Je souhaite un accouchement le plus naturel possible, pas de déclenchement. Dix jours interminables. Au dernier examen, le liquide amniotique est floconneux. Et, enfin, les premières douleurs.

La délivrance est difficile. Je chante entre deux contractions, comme j'ai pris l'habitude de le faire pour communiquer avec toi pendant la grossesse. Une chanson de Marc Lavoine : *Toi mon amour*. « Sur un signe, un seul mot de toi, je vole en éclats. Avant toi, j'ignorais tout ça. Et tu n'en savais pas plus que moi… » Quand je réécoute aujourd'hui cette chanson, les paroles résonnent d'une tout autre manière.

Bien que je finisse par demander une péridurale, je te sens descendre. Mais ta tête ne passe pas. L'expulsion est bien trop longue. On me dit que tu es en souffrance, on court chercher l'interne de service, on prépare les forceps. J'ai peur. Dans un dernier effort, tu arrives, dans le froid, le bruit de ce monde. Je ne t'entends pas pleurer tout de suite, tu es bleu. Et puis, enfin, ce cri primal, qui me permet de respirer à nouveau.

Va-t-il bien ? On me dit que oui. Et on te pose sur ma poitrine…

Bonjour, Paul. Bienvenue parmi nous, mon fils.

Ta peau pèle, tes ongles sont étonnamment longs. Ton crâne a cette forme oblongue, stigmate de l'épreuve que nous venons de vivre. Sidération renouvelée devant ce miracle de la vie. Tes petits yeux s'ouvrent avec étonnement, et l'on se regarde, et l'on se découvre. Et cet amour inconditionnel est de nouveau là.

J'aime l'étymologie. Peut-il en être autrement avec la voie professionnelle que j'ai suivie ? Gabriel, prénom d'origine hébraïque, signifie la « force de Dieu ». Je voulais t'appeler Théophile. Ton papa veut un Paul. Je me laisse convaincre sans trop de résistance. Un prénom classique, certes, mais court et doux. Je vérifie l'étymologie ;

paulus, adjectif latin, peut se traduire par « petit », « faible ». Cela me chagrine un peu, mais je me raisonne en écartant l'idée qu'un prénom puisse avoir une incidence sur le destin d'un enfant. L'avenir révélera que tu seras à la fois fragile et d'un extraordinaire courage, mon Paul.

Comme pour ton frère, je fais le choix de profiter pleinement de ta première année. Je bénéficie d'un congé parental, et ton papa peut subvenir aux besoins de notre petite famille.

Les heures des jours s'écoulent, douces, à ton rythme, et au rythme des sorties scolaires de ton frère. Mais les nuits, et surtout les heures du coucher, s'avèrent plus compliquées.

C'est un mystère. Tu hurles le soir. Des pleurs ininterrompus que je ne m'explique pas. Ce cri porte comme une rage profonde. Toi qui es si calme et déjà souriant le jour.

Tout l'immeuble t'entend. Parfois deux ou trois heures d'affilée. Nous essayons tout – le portage en écharpe en faisant les cent pas dans le salon, la musique douce, le sein, la tétine, les massages. J'avoue que l'on essaie aussi de te laisser pleurer seul dans ton berceau, pensant que tu te calmerais. Rien n'y fait.

Je suis épuisée. La pédiatre qui te suit m'affirme que tu grossis et grandis bien. Au bout de quelques mois, elle s'inquiète cependant de la forme de ton crâne ; elle craint un problème de suture de la fontanelle. Elle m'envoie faire une radio. Moment difficile où le radiologue pose un sac de sable sur ta petite tête pour t'immobiliser. Tu es rouge de rage. Mais rien d'inquiétant. Hormis ce périmètre crânien un peu au-dessus de la norme, et cette forme oblongue qu'il a conservée.

En désespoir de cause, je vais consulter un ostéopathe. Après tout, ta naissance a été difficile ; nous sommes peut-être passés à côté de quelque chose. Quelques séances durant lesquelles il te manipule au niveau de la tête et du système digestif. Cela me vaut de vifs reproches de la part d'une amie médecin, qui assimile l'ostéopathie à une forme de charlatanisme. Je persévère pourtant. Tu as 6 mois, et tout se calme.

Une petite voisine est née à quinze jours d'intervalle avec toi. Nous plaisantons souvent avec ses parents, jouant au jeu idiot des comparaisons : « Mon fils fait de magnifiques sourires », « Ma fille babille déjà », « Paul a de jolies boucles blond vénitien », « Regarde comme ma fille est vive, elle tient assise seule ». Et puis, bientôt, je suis un peu à court d'arguments : elle met en route sa boîte à musique, elle marche à quatre pattes, se tient debout, elle met des cubes dans des trous de formes différentes, elle prononce ses premiers mots.

Il y a ce puzzle en bois que j'ai gardé de mon enfance, un puzzle tout simple, avec des pièces uniques représentant des animaux du cirque. Chaque empiècement est isolé des autres sur une grande planche. J'avais pris beaucoup de plaisir à partager cette petite madeleine avec Gabriel, allongée sur le parquet du séjour. Toi, tu n'y prêtes aucune attention. Ou tu y joues différemment, mettant les pièces dans ta bouche et hurlant de rire lorsque tu les jettes à l'autre bout de la chambre.

Ta voisine jumelle, que je garde un après-midi, s'en empare, place en cinq minutes tous les personnages avant de s'en détourner pour jouer à autre chose. Je suis vexée, c'est vrai. Je me dis que je suis punie d'avoir cédé à la tentation de vous mettre en compétition. Mais, tout au fond de moi, une étrange lumière rouge s'est allumée. Je fais tout pour l'éteindre, bien aidée dans ma démarche par mon entourage. « C'est un garçon, il prend son temps » est la phrase que j'ai le plus entendue au cours de cette période, ou sa variante : « Ne t'inquiète pas, ça va se débloquer d'un coup. »

Je te trouve si beau. Cela paraît une évidence pour une maman, mais, objectivement, à ta naissance, tu étais marqué, pas le genre de bébé devant lequel on s'extasie. À 15 mois, les traits de ton visage se sont affinés, une cascade de boucles châtaines masque la forme atypique de ton crâne, et les prunelles sombres de tes yeux en amande ont une étrange profondeur, une gravité, même. Tu manques de tonicité, contrairement à ton aîné qui a commencé à cavaler à un an. De fait, je t'appelle mon petit bouddha. Je te pose, assis sur une couverture, entouré de jouets, et tu ne bouges plus, le regard pénétré, comme perdu au lointain.

Un jour, tu tiens debout, enfin, et cela t'offre une autre perspective sur le monde qui t'entoure. Va, mon fils, va découvrir le monde… Mais tu ne marches pas encore. Mon médecin me raisonne : « Tout va bien, madame. Il n'est pas rare de voir des enfants marcher à 18 ou 20 mois, et le langage se développe parfois seulement à l'entrée à l'école. » Cette théorie est confortée par ma mère, qui me répète en boucle que mon frère aîné s'est mis à parler quasiment du jour au lendemain en entrant en maternelle. Oui, c'est idiot, tu as ton rythme propre. Je prends mon mal en patience.

Tu as découvert ton emplacement favori dans l'appartement : debout devant la fenêtre qui donne sur la rue, tu sembles te passionner pour la circulation en contrebas. Cela nous amuse. On finit par mettre un système de verrouillage, pour que tu puisses t'adonner à ce plaisir dont tu manifestes bruyamment l'envie par un cri perçant. J'ai déjà cette image de toi tout petit : une silhouette statique se découpant dans l'embrasure de la fenêtre, une petite tête bouclée figée dans l'observation des voitures.

Tu aimes rire, aussi, surtout quand je te chatouille et que je te fais des bisous dans le cou. Tu sembles prendre un malin plaisir à tester les lois de la gravitation : tout vole – ta cuillère, les peluches, les cubes –, et rien ne t'amuse autant que de nous faire ramasser vingt fois le même objet. Un plateau à fromage en bois, fixé sur un axe, devient ton jeu de prédilection : tu poses dessus de petits personnages, et tu le fais tourner à l'infini.

Tu prononces quelques syllabes – « papapapa », « mamamama ». Avec ton frère, vous adorez la musique. Je vous revois tous les deux traverser l'appartement au son de *New soul*, de Yaël Naïm, lui grattant un ukulélé, et toi soufflant dans une petite trompette en plastique. La lumière rouge devient quasi imperceptible.

Nous faisons gaiement notre rentrée en ce mois de septembre 2008, Gabriel en CP, toi à la crèche, et moi dans un collège des Hauts-de-Seine. Ton papa est en congé de formation, nous trouvons donc une organisation et un rythme qui laissent de la place à notre vie de famille. Sur ton carnet de santé, à la page « Examen au cours du 24e mois », il est écrit que « tout est normal ». Tu réagis aux stimulis sonores, même si tu ne peux pas nommer une image ou répéter correctement une syllabe. Tu parais très heureux à la crèche. Pas une angoisse, pas un pleur. Quand je te dépose, tu arbores un large sourire béat. C'en est presque vexant. Mais les retrouvailles du soir, câlines, tendres, joyeuses, me consolent chaque jour. Nous fêtons tes 2 ans, et je sais que le bonheur est là, dans ce quotidien que nous partageons.

Tu es suivi par la pédiatre de la PMI associée à la crèche. En octobre, tu reçois la quatrième injection d'Infanrix Quinta, ce vaccin qui doit te protéger contre cinq maladies, la diphtérie, le tétanos, la coqueluche, la poliomyélite et les infections à *Haemophilus influenzae*. Quarante-huit heures après, dans la nuit, ta température grimpe brutalement, ta gorge enfle étrangement d'un côté. Tu hurles sans pouvoir nous indiquer où tu as mal. Je pars inquiète au travail le lendemain matin, ton papa reste avec toi à la maison, il va t'emmener chez le médecin. Dans la matinée, il m'appelle affolé, le médecin t'envoie aux urgences. Ton cou a doublé de volume, et ta température ne baisse pas. Le temps de passer prendre ton frère, de le déposer chez des amis, et je me précipite à l'hôpital. Tu es là, dans une chambre, tout petit dans cet immense lit d'adulte, une perfusion plantée dans ta main potelée. Je ne distingue plus ta joue de ton cou, une boule énorme te défigure. Tu me regardes, hagard, transpirant de fièvre, perdu. Disparu, le joli sourire. Quiconque a dû hospitaliser un jour son enfant sait la peur viscérale qui vous saisit et le désarroi atroce de le voir souffrir, impuissant.

Je passe une première nuit à tes côtés, ton papa rejoint Gabriel pour le rassurer. Tu ne manges pas, tu ne dors quasiment pas, toujours fébrile ; chaque geste semble infiniment douloureux. Je vois le médecin le lendemain, qui me parle des causes possibles de cette inflammation ganglionnaire – bactériennes, virales, tumorales. J'entends tumeur, je pense avoir mal compris. Je demande confirmation, il répond que oui, ce peut être un cancer. Il faut poursuivre les analyses. Puis il me laisse sans plus d'explication. Était-ce le moment d'évoquer cette possibilité, alors qu'il n'en sait encore rien ? Je ne crois pas, non. Mais je découvre le défaut d'empathie de certains médecins, que j'aurai largement le temps d'expérimenter au fil de ton parcours, Paul.

Ton papa prend le relais pour la nuit suivante. Malgré l'antibiothérapie par voie veineuse, la fièvre ne baisse pas, et ton cou est toujours aussi enflé, ton état général se détériore. Les médecins prennent la décision de te transférer en urgence à Paris, à l'hôpital Necker. L'impensable nous effleure. Le temps se suspend, je vis en apnée. Mes parents arrivent de province pour s'occuper de Gabriel. Et ton père et moi nous installons à tour de rôle sur le fauteuil de ta chambre d'hôpital pour te veiller.

Tu subis une première anesthésie générale pour des prélèvements, la tuméfaction est suppurée. On identifie enfin les germes responsables, un staphylocoque et un streptocoque. Mais le traitement médicamenteux est un échec, ta souffrance m'est insupportable. Donnez-moi sa douleur, qu'on me donne sa douleur ! Une incision-drainage chirurgicale est finalement préconisée, tu vis une seconde anesthésie dans la même semaine. Traumatisme de te voir partir en salle d'opération sur un grand brancard, le regard plein d'incompréhension. L'infirmière de garde me dit qu'elle me préviendra lorsque tu seras en salle de réveil. Mais il est tard, elle est occupée. Ou elle m'oublie.

Lorsque je te retrouve dans la nuit, tu es bien réveillé, tu gémis, tu pleures seul dans cette immense salle éclairée de néons, pleine d'autres berceaux. J'aurais tant voulu que ce soit mon visage que tu voies en te réveillant de cette épreuve, que ce soit ma voix que tu entendes, et pas les pleurs des autres enfants… Comme tu as dû être perdu, mon fils, comme tu as dû avoir peur. Plus jamais ça.

Tu vas mieux, ta gorge dégonfle, tu peux t'alimenter, je te vois déambuler dans les couloirs du service pédiatrique avec ta perfusion. Restent quelques séances de torture quand il faut changer le pansement et continuer de vider l'abcès. Enfin, nous allons rentrer chez nous. Les deux semaines les plus longues de ma vie.

Nous sortons, tous très bousculés par cette épreuve. Ces sentiments de sécurité, d'immuabilité de notre bonheur, ils vacillent. J'ai conscience de la chance que l'on a d'être en France, je sais aussi les difficultés des services publics. Tu as été bien soigné, Paul, j'en suis évidemment profondément reconnaissante. Mais une impression de froideur, d'absence d'empathie demeure de ce séjour à l'hôpital. Les merveilleuses bénévoles des Blouses roses sont venues égayer notre quotidien et celui d'autres enfants malades, bien plus gravement que toi. Je ne donne pas assez de mon temps aux autres, et je me promets qu'un jour viendra où je le ferai.

Cet événement, je le raconte parce qu'il m'a un temps éloigné de la recherche de diagnostic pour la suite de ton parcours, Paul. Il a été plus facile pour moi de penser, au début, que tes difficultés venaient du traumatisme causé par cette hospitalisation. Et en aucun cas je ne défends l'idée qu'il y aurait une corrélation entre ta vaccination et la suite de l'histoire. C'était concomitant, et j'essaie de retracer le plus fidèlement possible le voyage et ses aléas. Il se trouve qu'il y aura un avant et un après cette épreuve.

Après un mois et demi d'absence, tu réintègres la crèche. Sur ta gorge, une cicatrice me rappellera toujours ce qui s'est passé. Les puéricultrices, heureuses et soulagées, te câlinent et me font une restitution attentive de tes journées. Noël arrive, je me dis que les choses vont commencer à évoluer. Comme à ton frère, nous te lisons chaque soir une histoire au moment du coucher. J'essaie de t'apprendre des comptines. On use les pages de l'imagier. Le mur de ta chambre est maculé de petits trous, stigmates des cubes, voitures et autres jouets que tu y jettes. Tu sais désormais dire ton prénom. J'ai confiance.

Au printemps, les puéricultrices m'alertent toutefois. Il leur semble que tu ne réagis pas à l'appel de ton prénom, tu interagis peu avec les autres enfants, tu restes dans ton coin et, pour les activités d'éveil, tu es maladroit et te détournes rapidement. Il faut faire un test ORL plus approfondi, me disent-elles. Ce que je fais. Le spécialiste est formel : tu entends parfaitement. L'hypothèse de la surdité est définitivement écartée. Et de nouveau ce discours que j'ai envie d'entendre : votre fils est très beau, ne vous inquiétez pas, ça va venir.

Une phrase étrange, pourtant, va dissoner : la pédiatre de la crèche, au terme d'une consultation de routine, me conseille de prendre contact avec une association versaillaise pour enfants ayant des « retards développementaux », sans plus argumenter. Je vérifie sur Internet : il s'agit d'une association de parents d'enfants autistes. Je ne comprends pas, je pense qu'elle a fait une erreur, je n'y crois pas du tout. Je suis même fâchée contre elle qui me lance cela sans aucune justification. Je n'aurai pas l'occasion de la recroiser pour en discuter avant la pause estivale. Mais la lumière rouge revient, avec plus d'intensité.

Et puis tu te mets à courir, tout le temps. Et je te cours derrière, au parc, dans les magasins. Dans la rue, je te tiens fermement la main, ce qui te déplait. Tu le manifestes en poussant un cri aigu et en te laissant tomber à terre. Étrangement, tu ne pleures plus. Lorsque tu chutes en courant dans le parc, je me précipite. Je me souviens de ces bobos d'enfance, les genoux écorchés qui nécessitent pour « guérir » un câlin des parents. Toi, tu sembles insensible à la douleur.

Tu développes aussi des phobies incompréhensibles : tu refuses de traverser des ponts, il est impossible de te poser un pansement pour une égratignure, tu te bouches les oreilles et tu t'enfuis lorsque je passe l'aspirateur.

Tu entres à l'école maternelle. Pour moi, tout doit changer maintenant. Je répète bien sagement à la directrice la leçon que l'on m'a apprise : Paul est un petit garçon qui prend son temps, il aime bien rester dans son coin, il dit quelques mots : Paul, papa, mama, bron (pour biberon), Lel (pour Gabriel)… « Mais, vous voyez, il est propre, il sourit, il est content d'entrer à l'école ! »

À la maison, ton aîné manifeste un peu de frustration ; tu ne joues pas vraiment avec lui, si ce n'est à chahuter avec des coussins et des couvertures. Je m'imagine que les quatre années qui vous séparent y sont aussi pour quelque chose. Des files de petites voitures parfaitement alignées parcourent ta chambre, et même parfois le salon. Nous continuons à voir tout cela comme de charmantes bizarreries. Ta singularité. L'écart développemental et comportemental se creuse pourtant alors de façon évidente.

Cela me saute aux yeux lorsque à l'« heure des parents », un soir, j'entre dans la classe et je t'observe assis sur un banc, perdu dans un monde que j'ignore. Tu te balances d'avant en arrière en répétant « mamamama ». Je m'agenouille face à toi, les larmes aux yeux, pour te dire : « Coucou, Paul ! Je suis là. On va rentrer à la maison. » Tu reviens à moi, tu me souris, et tu entoures mon cou de tes petits bras.

Je veux croire toujours à un blocage temporaire. Je veux croire que cela va se « débloquer ». Alors, on se projette, on regarde vers l'avenir. Je porte la vie pour la troisième fois.

À la fin du premier semestre, une altercation marque une rupture définitive dans la confiance que je continuais d'entretenir. Un matin, tu te précipites dans la salle de classe, tu t'installes à une petite table aux côtés des autres enfants, pour jouer avec des récipients qui contiennent du sable. La maîtresse te saute dessus : « Non, pas toi, Paul ! Tu en mets partout. Tu vas jouer au fond de la classe avec les poupées ! » Je la regarde, sonnée, interdite devant tant d'agressivité. L'exclure d'une activité parce qu'il est maladroit...

Je lui demande des explications. Visiblement exaspérée, elle me jette : « Mais enfin, madame, vous voyez bien, votre fils est autiste ! Il ne comprend rien, il est inintelligible, je le laisse faire ce qu'il veut, mais au fond de la classe. »

J'ai l'impression de prendre un coup de poing dans l'estomac. J'ai envie de la gifler. Autiste ? Bien sûr que non, il n'est pas autiste ! Il a des difficultés d'apprentissage, un retard de langage. Mais ce n'est pas de l'autisme, ça. Il manifeste son intention de communiquer. Je n'en reviens pas que l'on ait cette conversation à 8 h 30, au milieu de la classe.

Je quitte l'école en me mordant le poing pour ne pas hurler. Ça commence, le début des phrases assassines. Elles vont me laisser exsangue. Je vais les supporter des années durant, de la part de certains médecins, de certaines enseignantes, d'anonymes au parc ou dans les magasins, de proches. Je serre les dents, je pleure en silence, comme si j'avais honte que tu ne sois pas dans la norme, mais aussi et surtout parce que je n'avais pas réalisé que tu étais écarté des activités depuis le début de l'année...

La lumière rouge, incandescente, me brûle à vif. Je prends conscience que les difficultés sont bien plus profondes. Il faut trouver des réponses.

Je prends rendez-vous avec une neuropédiatre à l'hôpital. Quelques semaines d'attente. En parallèle, je fais aussi une demande de rendez-vous auprès du CMPP de secteur, pour un bilan orthophonique. Et je veux te changer d'école, te trouver un environnement plus bienveillant, avec un effectif moindre que les trente camarades de ta classe de petite section. L'école privée de la ville m'apparaît comme la solution idéale, un établissement à dimension familiale, dix-huit à vingt élèves par niveau. J'en informe la directrice de l'école publique, qui paraît très satisfaite de se délester du « problème ». Oui madame, vous avez trouvé là une bonne solution aux difficultés de Paul.

L'idée d'autisme, je la rejette en bloc. Nous communiquons avec toi, tu communiques avec nous. Je ne sais rien de ce trouble. Je n'ai jamais croisé d'autistes, et pour cause, je comprendrai plus tard pourquoi. Mon unique référence est celle de nombreuses personnes de ma génération. Le film *Rain Man*, de Barry Levinson, sorti en France en 1989, m'a marquée par l'incroyable performance de Dustin Hoffman. Mais mon fils, ce n'est pas Rain Man. Il ne se tape pas la tête contre les murs, il ne hurle pas quand se déclenche une alarme incendie. Il n'est pas à enfermer dans un asile psychiatrique. Je trouverai bientôt cette référence à *Rain Man* insupportable. Ce film a généré une confusion terrible, et a finalement porté préjudice à la perception par le grand public de ce qu'est l'autisme. La définition très vague que je m'en suis faite à ce moment-là ne correspond pas à notre réalité, à ta sensibilité que je perçois, à la forme d'intelligence que je suis convaincue que tu as.

Tu commences en mai un suivi au CMPP en orthophonie. Le courant passe tout de suite avec la professionnelle qui te prend en charge. À l'entretien initial avec la pédopsychiatre responsable du centre, j'apporte sur un plateau ma théorie diagnostique : Paul s'est bloqué dans son évolution, car il a été traumatisé par son hospitalisation. Elle ne me contredit pas, je suis satisfaite, confortée. Maintenant, il faut aider Paul à avancer. Nous convenons de débuter deux rendez-vous hebdomadaires à la rentrée, un en orthophonie, un en psychomotricité.

En septembre 2010, tu intègres ta nouvelle école en moyenne section. Et tu continues de me surprendre. Je suis enceinte de huit mois. Alors que je me présente à 16 h 30 à la sortie de l'école la semaine de rentrée, impossible de te trouver. On fouille la salle de classe, les toilettes, le moindre recoin de la cour. En silence, tu t'es mêlé à un groupe d'enfants, et tu as échappé à la vigilance des maîtresses. Tu as quitté l'école, seul. Je cours dans les rues, affolée, désorientée, imaginant le pire. J'ai des contractions. Il faut que je garde mon calme, ne pas céder à la panique. Mon téléphone sonne. C'est la secrétaire du CMPP qui me dit que tu es à l'accueil. Tu as marché, traversé trois rues, trouvé l'immeuble, ouvert la porte, monté un escalier pour te présenter chez l'orthophoniste. Un trajet que nous n'avions fait que deux fois jusque-là, et avant l'été.

À 4 ans, tu développes un sens de l'orientation étonnant qui va te rester. Le premier bilan orthophonique établit aussi que tu as le niveau verbal d'un enfant de 18 mois. Nous te préparons en douceur à l'arrivée de ton petit frère. Tu sembles t'en réjouir, tu remplis régulièrement le berceau de tous les jouets que tu trouves. Huit ans après notre premier enfant, nous accueillons Octave, magnifique cadeau de la vie qui me donne un regain d'énergie. Il va grandir en partie dans ses salles d'attente qui vont jalonner notre course au diagnostic, illuminant de son sourire des heures parfois douloureuses.

Toi, tu me perds dans tes atermoiements : l'évitement du regard s'accentue à l'extérieur, mais, à la maison, tu plonges parfois longuement tes yeux dans les miens. Au parc, tu restes dans ton coin quand les autres jouent, jetant en l'air les poignées de gravier que tu ramasses au sol, ou les enfournant dans ta bouche. Pourtant, tu manifestes le vif désir d'être en relation avec les autres, tu es heureux d'aller à l'école, très tactile avec ceux que tu croises. Souvent de façon inappropriée. Tu aimes caresser la tête et le visage, tenir la main de personnes inconnues. Une petite fille te prend sous son aile. Chaque matin, elle t'attend à la grille de l'école et tient absolument à te porter ton cartable.

Mais je me fais mal aussi parfois, restant à l'abri des regards pour t'observer quelques minutes dans la cour. Tu ne participes pas aux jeux collectifs, et je te vois figé dans une attente que je ne comprends pas.

Après une première consultation, la neuropédiatre qui te suit à l'hôpital préconise un bilan complet au mois de novembre 2010. Épreuve de force. Tu crains désormais tout ce qui porte une blouse blanche. Le jour de la prise de sang, je dois littéralement te traîner tout le chemin jusqu'à la salle de prélèvement. On doit se mettre à trois pour te contenir. Tu décoches un coup de pied violent à l'une des infirmières. L'IRM cérébrale et le caryotype, demandés pour « retard mental » sur l'ordonnance, ne révèlent rien de particulier.

Retard mental ? C'est un diagnostic, ça ? Non, me répond le médecin, c'est une constatation. Mes questions restent sans réponse. Ce n'est pas faute d'insister, notamment auprès des intervenants du CMPP. La réponse ne varie pas : pourquoi vouloir coller une étiquette à Paul, madame ? Laissons faire le temps, il est trop tôt.

Mais je ne veux pas lui coller d'étiquette, moi ! Je suis prête à entendre, je veux pouvoir mettre un mot sur ses difficultés, être épaulée, chercher des solutions adaptées… On me dit avec un regard compassionnel que je dois lui donner beaucoup d'amour. Comme si cela n'était pas évident. L'amour que je lui porte n'est pas conditionné par le fait qu'il aille bien ou non. Je vous parle d'aide concrète. Aidez-moi ! Aidez-moi à l'aider !

Ton papa, lui, garde sa ligne : Paul va bien, ça va s'arranger. Et, de fait, il te pousse énormément au niveau moteur : son acharnement fait que tu pourras bientôt dépasser ta peur des ponts, filer sur ta draisienne et, à 6 ans, faire du vélo comme tous les enfants de ton âge. Mais, bientôt, nous ne parlons plus le même langage.

La pédopsychiatre du CMPP évoque rapidement un rendez-vous à prendre avec la psychologue du centre. Elle veut d'abord nous recevoir en couple, puis voir Paul seul. Encore une fois, nous racontons l'histoire telle que nous l'avons vécue. Mais les questions se font plus intrusives, déstabilisantes : vous pouvez remonter jusqu'à l'histoire de la conception, madame ? Pourquoi avez-vous voulu cet enfant ? L'avez-vous allaité ? Quand et pourquoi avez-vous arrêté de l'allaiter ?...

J'accepte de répondre, avec juste le bon sens que cela suppose. Je l'ai allaité parce que j'en avais envie, et que je le pouvais ; j'ai arrêté parce que je devais reprendre le travail, et on a fait un enfant parce qu'on s'aime et que nous avions un projet de vie en commun. Pour la conception, vous voulez que je vous donne la date, l'heure et la position ? Apparemment, nous n'avons pas le même sens de l'humour.

Elle emmène Paul ensuite pendant trente minutes. Que peut-elle faire avec lui qui ne maîtrise pas encore le langage ? Elle revient avec cette phrase sibylline : « Il y a de gros blocages. » Tiens donc ?! « Je sens un problème avec la mère... »

Ah ? Quel problème ?

Elle évite. « Il y a un vrai travail à faire avec Paul en psychothérapie. C'est indispensable, et je vais avoir besoin de vous, madame. La mère doit porter la thérapie avec l'enfant. »

J'aurais dû claquer la porte ce jour-là. Mais le travail entamé avec l'orthophoniste et la psychomotricienne semble porter ses fruits, tu progresses petit à petit. Elles sont investies, je me suis attachée à elles, et je crois que toi aussi. Nous sommes dans une relative précarité financière, et tous les frais sont avancés, dans cette structure publique qui est à quelques rues de ton école. Ce malaise que je ressens vis-à-vis de la psychologue ne pèse pas suffisamment dans la balance. J'accepte un autre rendez-vous dans la semaine, pour que tu entames cette « psychothérapie ».

En février, je suis convoquée à l'école pour la première ESS (équipe de suivi de scolarisation) de ta scolarité. L'ordre du jour de cette réunion, dont j'ignore tout, malgré mon statut de professeur, est de faire le point sur tes difficultés, et de mettre en place des aménagements. Très bien, nous avançons. L'orthophoniste est conviée, l'enseignante référente de secteur représentant le rectorat, la maîtresse de Paul, une enseignante spécialisée qui intervient une fois par semaine, la directrice de l'établissement. Je le vis mal. On égrène la longue liste de ce que tu ne sais ou ne peux pas faire. Il faut bien que je l'entende, mais pas de points positifs, ou si peu. Il est mignon, souriant. Il essaie d'entrer en relation avec les autres, mais il est maladroit… J'ai l'impression d'être au tribunal. L'ensemble du message, je le perçois comme : Madame, vous êtes coupable d'avoir fabriqué un enfant déficient. Inapte. Hors cadre.

Vient le moment d'évoquer les pistes pour la suite. Sans m'adresser un regard, la directrice assène à l'intention de l'enseignante référente : « On ne peut pas le garder à l'école. On en fait quoi, maintenant ? Il faut l'envoyer en hôpital de jour. » J'ouvre des yeux immenses – elle ne m'a toujours pas regardée. Uppercut, je suis sonnée. À quel moment cela a-t-il été envisagé ? Personne ne m'a préparée à cette éventualité. Mes oreilles bourdonnent, je n'entends plus ces gens débattre de l'avenir de mon fils. Je perçois : « prématuré », « laissons-lui encore un peu de temps ».

Lorsque l'enseignante référente me demande enfin mon avis, je parviens juste à dire : « Non ! » Et je quitte cette salle, l'école. Se terrer, trouver un abri. Je cours jusque chez moi, rasant les murs, étouffant mes sanglots, espérant ne croiser personne. Paul à l'hôpital ? Pourquoi ? Parce qu'il ne sait pas ses couleurs, ni dessiner, ni faire un puzzle ? Pour y faire quoi ? C'est ça, la seule réponse à ses difficultés ? Pourquoi est-ce que je ne parviens pas à me mettre en colère pour le défendre ?

Je fais des recherches sur Internet. Je découvre qu'il existe une loi depuis 2005, qui dit que chaque enfant a droit à la scolarisation. Je suis prof. Pourquoi est-ce que je n'en ai pas entendu parler ? Je peux aujourd'hui avoir cette honnêteté de dire que, lorsque j'ai débuté dans l'enseignement, et avant Paul, j'ai pu avoir cette peur, cette lâcheté et, surtout, cette ignorance vis-à-vis du handicap à l'école. Dans mon parcours professionnel, je suis convaincue d'avoir croisé des enfants TSA sans diagnostic, des parents désemparés, épuisés, voulant aider leur enfant, mais ne trouvant aucune piste de solution, que je n'étais pas capable non plus de leur donner. Je me souviens de cette mère d'élève pleurant en entretien individuel, me livrant qu'elle était à bout, qu'elle ne comprenait pas son fils, ses difficultés, lui qui faisait des crises en classe lorsqu'il y avait un imprévu, qui ne supportait pas qu'on le touche, qui répétait en boucle des informations sur l'astronomie qui le passionnait… Et j'ai honte de me souvenir ! J'ai pensé que j'étais heureuse de ne pas être à la place de cette maman.

Je dois l'utiliser cette loi de 2005. J'apprends que Paul peut bénéficier d'une aide humaine en classe, une auxiliaire de vie scolaire (AVS). Pour l'obtenir, il faut monter un dossier à soumettre auprès de la MDPH (Maison départementale des personnes handicapées). Il faut donc que Paul soit reconnu comme tel. C'est une étape difficile, j'ai l'impression de te marquer au fer rouge pour le reste de ton existence. Et puis, quel est ton handicap ? J'en reviens toujours à cette absence de diagnostic. Le CMPP convient avec moi qu'il faut mettre en place une aide pour que tu restes à l'école, et donc remplir un certificat médical avec une case diagnostic : la psychiatre y inscrit « dysharmonie évolutive ». De nouveau, je me plonge dans les articles trouvés sur Internet en essayant de faire le tri. Je lis notamment que la notion de dysharmonie évolutive, spécificité française, est le diagnostic erroné le plus fréquent empêchant l'identification d'un trouble du spectre autistique. Le terme revient si souvent qu'il n'est plus incongru dans mon esprit.

Je vais faire une demande d'AVS. Tu vas doubler ta moyenne section, et tu vas continuer à l'école, parce que je suis convaincue que c'est ta place. Ces pistes sont acceptées par la directrice, mais c'est à elle de recruter l'auxiliaire de vie scolaire qui doit te permettre d'accéder aux apprentissages. Elle n'a jamais fait cela, me dit-elle. Ça prend du temps, de démarcher Pôle emploi, de faire passer les entretiens d'embauche... Moi, j'ai déjà mon idée. J'ai une personne en vue. Elle peut prétendre aux contrats aidés proposés par Pôle emploi. Je lui parle de cette mission importante qu'elle pourrait prendre à tes côtés. Elle réfléchit mais elle est enthousiaste. Elle commence spontanément à se documenter, et je l'envoie passer l'entretien d'embauche auprès de la directrice. Elle est retenue, évidemment.

Il faut maintenant obtenir la notification d'accord de la MDPH. Alors je constitue pour la première fois ce dossier administratif lourd de conséquences. Et j'entre un peu plus dans le monde parallèle. L'administration française aime les sigles. Là, cela prend des proportions délirantes. Le dossier comprend une page de dictionnaire dédiée : GEVASCO, ESS, IME, CAMPS, AEEH, CMP, AESH, ULIS, SESSAD… La liste est longue. Toutes ces lettres recouvrent pourtant une réalité de terrain, de la douleur, de l'angoisse, de l'espoir aussi. Les capitales dansent, je fais mes gammes et, progressivement, je m'approprie cette novlangue du maelström administratif. Et puis, il faut aussi remplir cette fameuse rubrique du dossier intitulée « Projet de vie », « l'expression des attentes et besoins de la personne concernée ». Mon projet de vie ? Qu'on permette simplement à mon fils la possibilité d'en avoir une…

Ce que j'ignorais, c'était le délai de traitement. J'envoie le dossier en février, nous obtiendrons la notification d'accord en août, valable un an. Ah ? Il va donc falloir refaire une demande, un dossier complet dans six mois au vu des lenteurs administratives ? La constitution des dossiers MDPH, qui conditionnent l'accès à l'éducation pour Paul, va désormais rythmer mes années. On t'accorde officiellement l'aide humaine qui te permet d'accéder aux apprentissages et à la vie en collectivité, mais nous sommes en sursis. Et je me retrouve dans cette situation ubuesque de te faire reconnaître comme handicapé avec un diagnostic qui n'en est pas un.

Tu vas continuer ton suivi au CMPP, mais j'insiste auprès du médecin référent : n'est-il pas possible d'intensifier le suivi en orthophonie ? Tu progresses peu à peu, tu prononces tes premières phrases, bien aidé par ton intervenante et des supports visuels que je reprends à la maison. Le fait de ne pas pouvoir discuter avec toi est la plus grande souffrance. Je ne sais rien de tes journées. J'ai craqué un soir, à l'heure de l'histoire, ce temps doux et tendre avant le sommeil. Je m'arrête sur l'image d'un petit personnage, un lapin. Regarde Paul, le lapin a croqué dans un chou. C'est drôle, n'est-ce pas ? Tu peux dire lapin, Paul ? Soudain, ça m'étouffe. Je ne veux plus continuer tant que tu n'as pas prononcé le mot. Lapin. La-pin, Paul. Tu vas le dire ce mot « lapin », ce n'est pas compliqué, Paul. Parle ! Parle-moi ! Je crie, je pleure. Tu me regardes et tu te mets à rire... Je ne sais pas comment t'aider, mon fils. Ce monde intérieur qui est le tien, je voudrais tant pouvoir y accéder.

Au CMPP, la réponse que je reçois à ma demande de doubler les heures d'orthophonie, c'est que, après concertation, il apparaît nécessaire d'augmenter d'une heure la prise en charge psychothérapeutique hebdomadaire, car là se situe la clé de ton évolution future. Je cède. Je suis perdue.

Je reprends le travail à mi-temps, temps partiel de droit pour enfant handicapé, pour pouvoir assurer les quatre rendez-vous hebdomadaires au CMPP. J'informe ma hiérarchie que je ne prendrai aucune responsabilité supplémentaire. Mais je conserve mon emploi, ma bouée de sauvetage. Je mesure quelle bonne étoile j'ai eue de tomber sur une direction compréhensive et d'avoir la « sécurité de l'emploi ». Tant de mamans se retrouvent dans l'incapacité de travailler.

On fête tes 5 ans. Tu n'as pas vraiment de copains. Une amie chère organise un goûter surprise avec tes frères et ses enfants. Lorsque tu dois souffler les bougies du gâteau, de grosses larmes silencieuses roulent de tes yeux. Es-tu heureux, malheureux ? Je ne sais pas.

Tu parais toujours très content d'aller à l'école. Tu adores observer les jeux de tes camarades, qui se montrent patients, doux, prévenants. L'attitude de ces jeunes enfants face à tes différences pousse à l'optimisme ; en fait, ils ne les voient pas réellement. Tu es Paul, le petit copain de classe qui ne parle pas encore très bien.

Au quotidien, tu ne tiens pas en place. Pour pouvoir passer cinq minutes d'affilée à table, je finis par t'attacher avec une ceinture à la chaise – ce qui choque parfois des amies qui me rendent visite. Dans les lieux publics, ton attitude agace désormais. Les phrases assassines auxquelles je n'arrive pas à répondre s'accumulent : « Si c'était le mien, il ne se comporterait pas comme ça », « Elle ne sait pas tenir son gosse, celle-là », « La politesse, ça s'apprend »...

La neuropédiatre qui te suivait à l'hôpital est partie – c'est dommage, je l'aimais bien, et toi aussi. Je m'étais quand même indignée du fait qu'elle envisage la mise sous neuroleptiques pour canaliser ton instabilité motrice. J'ai pris rendez-vous avec son successeur. Il arrive en retard, nous avons attendu une heure dans la salle d'attente de l'hôpital, tu tournes comme un lion en cage. Je dois te traîner jusqu'au bureau lorsqu'il nous reçoit, tu refuses de te déshabiller, tu te raidis avec une force incroyable. Ces rendez-vous médicaux commencent aussi à devenir véritablement coûteux pour moi. Si au moins cela peut être utile… Le médecin te parle avec agressivité, il me dit que tu n'écoutes pas bien, que tu es désobéissant.

Et puis, il a une révélation : « Votre enfant parle mal, madame… » C'est une blague ? Je ne sais pas si je dois rire ou pleurer. « Il faut lui chanter des comptines, lui lire des histoires pour lui apprendre à mieux prononcer. » Sait-il que le fait que mon enfant ne puisse s'exprimer correctement m'obsède depuis des années ? Ne peut-il deviner que je passe des heures à lui répéter le même mot pour qu'il puisse l'acquérir ? Imagine-t-il seulement que c'est devenu un combat quotidien ? Il ne nous reverra jamais, Paul.

La psychologue du CMPP continue d'accumuler des pages et des pages de dessins que tu fais en séance. Je corrige mes copies, assise sur du mobilier pour enfant, ton petit frère apprend à marcher dans cette salle d'attente. Et puis, un jour, lors de la restitution périodique de votre travail, elle me dit : « Madame, il faut que vous compreniez que le lien avec votre enfant ne s'est jamais fait, y compris in utero. Tant que vous ne créerez pas ce lien, Paul ne pourra pas avancer… »

Je fais ce rêve récurrent où je suis en train de me noyer. J'essaie de me rapprocher du bord, de maintenir ma tête hors de l'eau, et des mains viennent me repousser, m'enfoncer un peu plus. Heures sombres.

2

UNE FRATRIE, DES FAMILLES

Sur cette route qui longe la mer, mes pieds battent l'asphalte. Mâchoires serrées, poings fermés, tout mon corps tendu dans l'effort. Les oyats ondulent doucement sous une brise estivale. J'ai le goût salé de ma sueur et des embruns dans la bouche. Un pas après l'autre, encore, se faire mal. Ne pas penser, ne pas penser. Mon cerveau se vide. Pas encore assez, je cours sans m'arrêter. Je cours sans plus savoir quelle direction prendre.

Soudain, mon souffle devient court, ma gorge se serre, j'étouffe. Ma vue se brouille, les palpitations sourdes de mon cœur vibrent à mes oreilles. Je tombe à genoux. Ma respiration n'est plus qu'un sifflement. La main sur la poitrine, je tente de retrouver mon calme. Respire... Et puis, tout à coup, je réalise : nous sommes le 17 août 2013. Ma gorge se desserre, une digue cède, les larmes brûlent mon visage. Il y a un an jour pour jour, à cette heure-ci, mon père est mort.

J'ai grandi dans ce village de bord de mer, dans la Somme. La plage à l'ombre des falaises est notre terrain de jeux, avec mes frères. Une fratrie joyeuse, soudée, tendre. Je bénéficie toutefois du privilège d'être la fille unique, entre deux garçons. Nos parents ont fait de leur foyer un cocon plein d'amour. Ouvert sur le monde. Maman est née et a grandi au Maroc, papa est un Picard pure souche. Avec la mer pour horizon, l'invitation au voyage est permanente. J'ai passé des heures sur les falaises à me projeter vers cet ailleurs, seule ou en refaisant le monde avec ces amis d'enfance que j'ai gardés.

Mes premiers souvenirs, ce sont les odeurs, ceux de la cuisine de ma grand-mère maternelle, qui mêle le cumin aux plats de terroir. Cette agitation autour du tajine aux citrons confits ou du couscous fassi. Les grandes tablées des fêtes de Noël ou de Pâques, mes nombreux cousins massés derrière une porte avant de découvrir les cadeaux que nos grands-parents confectionnaient eux-mêmes. Les aquarelles d'un arrière-grand-père de la médina de Fès ou des bois près d'Ifrane, là où mes grands-parents seraient tombés amoureux, d'après la légende familiale. Les mots d'arabe qui ressurgissent parfois au détour d'une conversation. Chez nous, les olives sont des « zitounes » et on reprend toujours un « chouïa » de quelque chose.

J'ai vécu mes années lycéennes auprès de ma grand-mère maternelle, chez qui j'avais ma chambre d'étudiante, à Amiens. Figure tutélaire qui, après avoir élevé ses sept enfants, donnait de son temps aux autres, à la bibliothèque de la prison, ou pour les SDF du quartier. Je suis irriguée des histoires de cette famille, nombreuse, au parcours singulier. Mon arrière-grand-mère lilloise, veuve de guerre avec treize enfants, s'est vu octroyer une terre au Maroc du temps du protectorat. Elle est partie s'y installer avec ses plus jeunes enfants, dont mon grand-père, dernier de la fratrie. Il y a cultivé la terre longtemps, avec passion et acharnement. Du côté de mon père, l'attachement à la terre forme également des racines profondes. La maison qui jouxtait la ferme de mes arrière-grands-parents, à Vauchelles, dans la vallée picarde de l'Authie, nous servaient de lieu de retrouvailles les week-ends. Les dîners au coin d'une cheminée, la chasse aux œufs de Pâques dans les pâtures ont bercé mon enfance. Le bol de lait chaud et mousseux que nous servait ma grand-tante après la traite, les nuits à attendre le vêlage, l'odeur des champignons cueillis dans les campagnes picardes : mes madeleines.

Ces heures passées aussi à discuter sur les longues plages du Nord, ou bien les parties de pêche à la crevette grise, mon grand-père, mon oncle ou mon père, poussant ces grands filets, enfants et adultes triant sur le sable. Des histoires, des images, des parcours, une famille dont je suis fière, et qui est ma colonne vertébrale. J'y ai appris le respect d'autrui, le partage, le courage aussi. Cette phrase prononcée aux obsèques de ma grand-mère résume ce que je crois : « La famille ne se détruit pas, elle se transporte... Une part d'elle va dans l'invisible, et ceux qui restent se sentent entourés, gardés, inspirés par ceux qui sont partis. »

Aussi loin que je me souvienne, à l'heure où Internet n'existait pas encore, la maison de mes parents a été un refuge. Je n'aimais rien tant que les soirs de tempête quand, à l'abri de ma chambre d'enfant, je percevais au loin la houle et le fracas des vagues sur la grève. Doux abandon à l'écoute du vent s'engouffrant dans les rues, de la pluie battant les volets, du roulis des galets sur la plage. Abandon qui atteignait la perfection s'il venait interrompre une lecture nocturne et secrète, les aventures du *Dernier des Mohicans* dans les forêts du Vermont, ou de *Michel Strogoff* à travers les steppes d'Asie centrale... Vivre au bord de la mer est un constant rappel à l'humilité :

régulièrement, nous retrouvions la digue détruite par le déferlement des flots, et j'ai vu peu à peu la transformation du paysage, l'érosion inéluctable de nos pans de calcaire et la destruction des édifices les plus exposées.

La maison de mes parents était aussi un lieu de passage, une porte ouverte. Pour la famille, les amis, bien sûr, les gens du village, du notable au cafetier, du curé au maire. Maman y organisait de nombreuses fêtes d'anniversaire, et nous nous dansions tard dans la nuit, finissant parfois par une virée nocturne sur la plage. Des soirées « pyjamas » avec des cousins ou ma bande de copains, dont l'un est devenu comédien et humoriste. J'y ai connu des correspondants anglais, allemand, américain, dîné avec des Japonais, des Camerounais, des Marocains, des Italiens, des Grecs, des Algériens. Saran est venue aussi, invitée par mon père, avec sa jeune sœur et ses parents, pour donner une conférence sur la Mongolie auprès des membres du Club 41 qu'il présidait. La philosophie de ce club était de rassembler des hommes, des femmes, de professions, confessions et milieux culturels variés, et de promouvoir l'esprit de tolérance, la force de l'amitié, le dynamisme de l'action et le rapprochement entre les peuples. Papa, pourtant de nature anxieuse et protectrice, m'a aussi poussée à partir aux États-Unis l'été de mes 17 ans, puis en Italie après le bac.

Tant de cultures, tant de diversité, tant de façons d'être au monde. Il n'y a pas de peur de l'autre chez nous, mais je n'ai pas le souvenir d'avoir été confrontée au handicap, si n'était une amie de mes parents devenue hémiplégique à la suite d'un accident de moto. Un monde inconnu.

Tu vois, j'ai aimé passionnément mon enfance, Paul, et la terre de Somme qui l'a abritée. Mais avec un désir constant de grandir et de découvrir ce qui existe plus loin. Mes frères et moi n'avons manqué de rien, et surtout pas de l'essentiel. Pas de luxe ostentatoire, pas de superflu matériel, mais la liberté de choisir nos études, de partir en vacances, de voyager, et, en cela, nous avions conscience d'être privilégiés.

Mes parents forment un couple que j'admire, ouvert au dialogue, ne cachant rien des aléas de la vie, des nécessaires obstacles à surmonter. Des orages, il y en a eu, mais je les ai vus s'épauler, se respecter, s'aimer, jusqu'au bout. L'arrivée de petits-enfants fut pour eux une grande joie, brisée brutalement un soir, quelques jours avant Noël.

Tu as 5 ans, Paul, en décembre 2011, lorsqu'on diagnostique à ton grand-père un glioblastome, une tumeur cérébrale incurable. J'accompagne ta grand-mère lors de la consultation d'annonce : il lui reste moins d'un an à vivre. Alors, dans cette épreuve, nous nous serrons les coudes, en famille. Nous allons l'accompagner, il ne fera pas le chemin seul.

Dans cette immense douleur, nous avons le temps de parler, de nous dire au revoir. Cette saloperie lui mange peu à peu le cerveau. Il perd progressivement son autonomie. Lui qui nous a tant protégés, il redevient enfant. Mais je garde l'image, obsédante, de son regard attaché à la vie, de la lutte intérieure pour garder sa dignité, lorsqu'il tentait coûte que coûte de se mettre debout, aidé de son kiné, alors qu'il ne pouvait déjà plus marcher.

Ton grand-père t'a beaucoup aimé, Paul, dans ce temps court qui lui a été laissé. Vous êtes en lien, vous semblez vous comprendre. Il a vite perçu ta différence et t'a comblé de tendresse tant que possible. Il a voulu me préserver, souhaitant rester optimiste, m'affirmant que ça allait s'arranger… Je l'ai vu ému aux larmes lorsque tu as été capable de prononcer tes premières phrases.

Au cours de son hospitalisation à domicile, le dernier été, tu viens chaque jour t'allonger à ses côtés pour lui caresser le visage. Sur un bout de papier, tu as spontanément dessiné un de tes bonshommes patates, puis tu y as ajouté une boule noire au niveau de la tête : « la maladie de Dadoune », affirmes-tu en tapotant du doigt la masse sombre. Donc tu as tout compris, mon fils, alors que l'on te pense hermétique à nos conversations d'adultes.

À presque 6 ans, ton langage s'est développé. Tu commences à utiliser le « je ». Je veux le redire, l'orthophoniste du CMPP t'y a aidé. Mais le fait d'être au contact des enfants à l'école aussi, grandement. Et puis l'acharnement à la maison, en répétant sans cesse dans les actes de la vie quotidienne les mots que tu ne parviens à prononcer.

En ce mois d'août 2012, alors que ton grand-père perd sa cohérence, un éclair de lucidité avant qu'il ne sombre dans le coma final me bouleverse. Il m'interpelle un soir, brutalement : « Je ne veux pas qu'on fasse de mal à mon petit Paul. Bats-toi pour Paul ! » J'ai le sentiment qu'il me missionne, avant de partir. Quelques jours plus tard, nous lui caressons la main, nous l'embrassons, il ouvre les yeux pour la dernière fois. La rupture avec l'enfance est pour moi consommée. J'ai perdu mon point d'ancrage.

Ton grand-père aimait la poésie, Paul. Rimbaud, Hugo, et il connaissait par cœur de nombreuses fables de La Fontaine. J'ai pensé si fort à lui lorsque tu as été capable, il y a quelques semaines de ce moment où j'écris, d'apprendre ces vers du *Corbeau et du Renard*, et de les réciter devant tes camarades de CM1. À chaque étape, à chacun de tes progrès, je ressens sa présence invisible.

Le jour des obsèques, tu cours partout dans l'église, tu vas donner la main au prêtre qui fait son homélie, en souriant à toute l'assemblée : « Tais-toi, c'est Paul qui parle ! » Que se passe-t-il dans ton cœur, dans ta tête ? Que comprends-tu de cette perte, toi qui aimais tant ton grand-père ? Ton agitation ce jour-là exprime pour moi l'émotion que tu ne peux verbaliser. Je t'épargne le cimetière, je veux aussi vivre mon deuil sans me préoccuper de toi. Nous irons quelques mois plus tard, et tu auras cette jolie réaction en voyant un papillon se poser sur la tombe et repartir vers le ciel : « Maman, c'est Dadoune ! » L'absence se fait sentir plus durement au fil des saisons, et tu t'éveilleras une nuit en proie à un chagrin inconsolable, réclamant à pleurs et à cris ton « Dadoune ». Je ne parviendrai à te calmer qu'en te faisant entendre la voix de ta grand-mère au téléphone ; elle est bien vivante, il te fallait le vérifier.

La vie reprend, avec l'absence et une acuité nouvelle sur tant d'aspects, et notamment en ce qui concerne ta prise en charge, mon fils. Comme il est terrible de prendre conscience que je deviens pleinement adulte parce que j'ai perdu mon père. C'est à moi désormais de tenir fermement le gouvernail et de donner une direction à ma vie. Je ressens plus intensément que jamais le poids des responsabilités qui sont les miennes. Je regarde l'abîme, mes nuits deviennent d'ivoire : je ne fais pas ce qu'il faut pour t'aider. Il manque encore tant de pièces au puzzle.

Et puis, sur notre route, cette main tendue, la lumière, un nouveau chemin à prendre. J'avais dû croiser Damien en soirée, lorsque j'étais adolescente dans la Somme. On ne se connaît pas vraiment, mais nous avons une amie en commun, une de mes sœurs de cœur, Aminthe. Damien a, par elle, appris mes difficultés. Il lui a demandé mon numéro. Il m'appelle un soir de 2013, et la première phrase qu'il prononce m'allège immédiatement d'un poids : « Surtout, ne culpabilise pas ! » Il me raconte son parcours, son histoire avec Estelle, sa femme, et leur fils Victor, diagnostiqué autiste à l'âge de 2 ans. L'association qu'ils ont créée, en 2012 à Abbeville, OnTEDautrement, pour financer une thérapie comportementale dite « ABA », leur combat quotidien et les progrès de leur petit bonhomme. J'ignore tout. À travers son récit, je suis saisie par les similitudes. Et il me pose des questions sur Paul qui sonnent juste. J'ai plus d'informations par son biais sur les recherches à entreprendre qu'en quatre années de consultations de spécialistes. Il me conseille la lecture du livre-témoignage de Gersende et Francis Perrin, *Louis pas à pas*, qui va être pour moi une révélation.

Le premier geste de Damien et Estelle, c'est également de me parrainer pour intégrer un forum sur Facebook, Egalited, créé par un collectif de parents d'enfants autistes. Une mine d'informations pour la recherche diagnostique, le maelström administratif, le parcours scolaire, les dispositions légales. Un soutien moral aussi. Je sors virtuellement de la solitude et découvre, sidérée, que nous sommes légion, que les expériences se répondent, des histoires qui font écho à la nôtre. L'appropriation du langage parallèle se poursuit entre NT (neurotypiques – les enfants et adultes non autistes) et TSA (troubles du spectre autistique), la PEC (prise en charge), les histoires de compléments 2, 3, 4, les thérapies tentées, les succès, les échecs... Et une dimension plus polémique, aussi : les témoignages de mamans accusées d'être responsables du trouble de leur enfant abondent, et je découvre avec horreur des histoires d'enfants déscolarisés, d'enfants en exil, de placements d'enfants par l'ASE (Aide sociale à l'enfance). J'échange avec des inconnus, et pourtant la compréhension est immédiate. Nous sommes frères et sœurs de douleur, frères et sœurs d'espoir…

Le combat prend donc une autre dimension en ce mois de septembre 2013, un an après le décès de mon père. Le temps des larmes va désormais faire place aux temps des mots. La rage sourde qui grandissait au creux de mon ventre va exploser, enfin.

Tout est en place pour ton entrée en CP, étape majeure. Une nouvelle directrice a pris ses fonctions à l'école. Elle me soutient beaucoup et échange avec sincérité : elle ignore tout mais veut œuvrer au mieux pour ton intégration, et j'ose désormais évoquer de façon officieuse l'hypothèse de troubles autistiques. J'ai obtenu pour la troisième année consécutive la notification d'accord pour la présence d'une auxiliaire de vie scolaire (AVS) à tes côtés, avec une augmentation du nombre d'heures. Céline a fait ses armes, elle te connaît bien maintenant, a mieux cerné son rôle, trouve en autonomie des pistes pour tes apprentissages. Ta future maîtresse, avec laquelle j'ai pu m'entretenir, est une jeune femme bienveillante, pleine d'enthousiasme, qui veut relever ce défi de ton entrée à l'école primaire.

Au cours de l'été, Paul, nous t'avons préparé à cette étape majeure en douceur, dans une relative sérénité puisque je sais depuis début juillet que les quinze heures hebdomadaires d'aide t'ont été attribuées. Toi, tu retiens que Céline, ton point de repère, sera là pour ta plongée dans le grand bain. Gabriel, lui, entre en sixième dans le collège de secteur. Octave, ton petit frère, entre en maternelle. Je l'ai inscrit dans la même école que toi, afin de simplifier la logistique des accompagnements, et aussi pour que vous puissiez partager sur votre quotidien. Tes frères, malgré eux, sont tes compagnons d'armes. C'est un effort financier pour notre foyer, mais je suis si heureuse, le matin de cette rentrée, de vous voir partir main dans la main vers la même école. Lui a son petit sac à dos, toi le cartable que nous avons préparé, avec la trousse, les crayons, le matériel à l'odeur familière de tous les enfants de France et d'ailleurs. Les gens qui ne te connaissent pas ressassent tous la même rengaine : « Super, Paul ! Tu vas apprendre à lire, cette année ! » J'aimerais tant en avoir la certitude… Ta communication orale est encore complexe, difficile, tes troubles cognitifs sont de plus en plus apparents. L'apprentissage de la lecture est un Graal qui me paraît si loin d'être accessible.

Toutefois, pleine d'espoir, je t'accompagne donc ce matin de rentrée. Arrivés dans la cour, nous cherchons du regard ton AVS lorsque la directrice se précipite vers moi : « Madame, la situation est scandaleuse ! J'espérais que le problème serait résolu pour aujourd'hui, mais voilà, le rectorat n'a pas signé le contrat pour l'aide de votre fils, malgré mes demandes répétées depuis plusieurs jours et la notification d'accord de la MDPH pour cette rentrée. Au téléphone, on m'a dit que les demandes étaient nombreuses, et que les enfants du privé n'étaient pas prioritaires par rapport aux enfants du public dans les lignes budgétaires. Ils sont incapables de me donner un délai ! L'AVS de Paul ne peut pas commencer à travailler… » Elle me dit qu'elle ne sait pas quoi faire, que c'est à moi de prendre le relais auprès du rectorat, de faire les recours.

Je te regarde, Paul. Tu serres ma main très fort. « Elle est où, Céline, Maman ? » Tu répètes en boucle cette question. La cloche sonne, les enfants vont se ranger, je dois partir travailler. La sérénité laisse place à une angoisse profonde, pour toi, pour moi. Je ne sais pas Paul, je n'ai pas de solution. Il faut que je te quitte. Tu es planté là, au milieu de la cour, perdu dans l'agitation. Ta maîtresse te prend par la main, mais tu te tournes vers moi avec ce regard affolé qui ne me quittera pas. J'ai la nausée.

Sur le trajet vers mon lycée, je passe des coups de fil – à un ami de ton grand-père, à Damien, au rectorat. Je ne peux me concentrer sur rien d'autre. À quoi aura servi le travail de préparation, l'anticipation administrative qui date de février ? Tout est raté. Cette journée aux enjeux majeurs se transforme en drame. Je t'imagine enfermé dans tes incompréhensions. Il faut qu'il sorte, ce cri de rage que j'ai trop longtemps contenu !

Estelle, qui a une formation de juriste, m'envoie les références aux textes de loi, des modèles de recours. Je te récupère le soir, tu ne comprends rien. Mais j'ai affaire à une équipe bienveillante. On va te garder à l'école, même si c'est compliqué pour ton enseignante, et de fait pour le groupe. En espérant que la situation se débloque vite. Céline attend elle aussi de pouvoir intervenir, impuissante, et elle n'est pas payée !

Toujours dans ces passages difficiles, j'ai la chance de pouvoir compter sur le soutien d'êtres chers : Anne, une amie fidèle qui te connaît bien, Paul, pose des après-midi de congé pour t'accompagner à l'école, jouer le rôle de l'AVS, avec l'accord de la directrice. Mes collègues sont à l'écoute et me soulagent comme ils peuvent de la charge administrative de rentrée. Je rédige rapidement une longue lettre que j'adresse à l'inspection académique et, en copie, au ministre de l'Éducation nationale, au recteur d'académie, au directeur de la MDPH, à la députée et au maire de ma commune. Je fais un rappel à la loi de 2005, je menace d'un recours au tribunal et d'alerter la presse.

J'obtiens un rendez-vous d'urgence auprès de l'adjointe municipale en charge de la scolarisation. Ironie de la situation : l'école publique était bien contente de te voir partir dans le privé, mon Paul, mais c'est justement le prétexte utilisé par le rectorat pour ne pas t'accorder l'aide prévue par la loi ! Hérésie du système, double peine. Ma colère me porte. Jamais je n'aurais imaginé auparavant devoir me battre ainsi contre les institutions.

Au terme de quinze jours de harcèlement téléphonique, et en essayant d'actionner tous les leviers possibles, Céline obtient enfin son contrat et peut prendre sa place à tes côtés. Nous démarrons l'année dans un état de tension nerveuse qui m'abîme. Mais je découvre au travers des forums que ton cas est malheureusement banal, et qu'il se résout finalement « rapidement ». Je bénéficie de soutiens auxquels tous les parents n'ont pas accès. Et je réalise que je viens de passer un palier : ta différence, je ne la cache plus, je la crie, je la hurle. Je suis entrée dans la bataille.

Ma défiance vis-à-vis des institutions s'installe de façon pérenne, et cela m'affecte aussi... Je ne vivrai plus jamais sereinement un jour de rentrée.

Au cours de cette année de CP, je vais me pencher sur les thérapies qui existent et qui pourraient t'aider. Je lis beaucoup. Les parents qui ont mis en place ces thérapies cognitives et comportementales sont généralement assez unanimes : elles font leur preuve sur le terrain, au quotidien, les enfants progressent, parfois de façon spectaculaire.

Parmi les méthodes, la fameuse ABA. J'apprends ainsi que l'analyse appliquée du comportement est une discipline, reconnue mondialement, issue de la psychologie comportementale. Elle repose sur une démarche scientifique. Il s'agit d'un ensemble de procédures, de programmes personnalisés, qui vont permettre notamment à un enfant autiste d'apprendre ce qu'il ne pourrait apprendre naturellement comme les autres enfants « typiques », lui permettre d'accéder aux apprentissages, et qui vont en même temps diminuer ses troubles du comportement.

C'est le choix qu'ont fait Gersende et Francis Perrin pour Louis, ou Damien et Estelle pour Victor. Enfin, un choix qui a des conséquences :

cette thérapie n'est pas prise en charge par la sécurité sociale. Il faut donc trouver les fonds pour la financer. J'apprends, affolée, qu'une prise en charge intensive, à raison de trente-cinq heures par semaine, coûte environ 2 500 euros par mois. Cela m'est totalement inaccessible. Et, pourtant, l'ABA fait partie des méthodes recommandées par la Haute Autorité de santé dans le traitement des troubles autistiques. Elle est utilisée et reconnue dans de nombreux pays européens et en Amérique du Nord. Je n'y comprends rien. Tout cela n'a pas de sens.

Je lis aussi des avis de détracteurs – pas de parents, mais des « spécialistes » des troubles du développement, qui généralement assimilent l'ABA à une forme de dressage. Cela m'inquiète, il faut que je sache. Damien me propose alors de rencontrer le psychologue spécialisé qui suit son fils, d'assister à une séance de travail, puis, si je le souhaite, d'initier Paul sur un temps de vacances scolaires. Je constate que tout se déroule dans la bienveillance, avec un regard positif et encourageant porté sur l'enfant, mais avec rigueur aussi. Un cadre auquel tu sembles réceptif, Paul. Ce qui me pose alors question, c'est la disponibilité, l'engagement parental, familial, que la thérapie exige pour être efficace. Et puis, bien sûr, trouver les intervenants qualifiés, le financement.

Ton année de CP est marquée par d'immenses progrès en termes de sociabilisation. Tu participes à tes premières fêtes d'anniversaire et, porté par ta maîtresse, tu remportes un pari, partir en voyage de classe, accompagné de ton AVS. Tu participes aussi de plus en plus aux jeux dans la cour. Et j'aurai l'émotion intense de te voir intégré au spectacle de fin d'année en juin. Pour la première fois, tu n'es pas mis de côté, tu es sur la scène, dans la ronde avec tes camarades, guidé par l'une d'elles qui te donne la main. Par mimétisme, et avec un petit temps de retard, tu salues la foule. Je suis si fière de toi.

À 8 ans, tu passes en CE1, bien que tu ne sois absolument pas entré dans l'association combinatoire de lettres, que le geste graphique soit extrêmement difficile. Tu tiens toujours ton crayon à pleine main, malgré tous nos efforts. Ta maîtresse de CP a été merveilleuse par le regard positif qu'elle a porté sur toi, elle a permis une belle intégration dans ta classe, mais elle émet des réserves sur la suite de ton parcours. Elle n'a pas trouvé de pistes réellement efficientes pour pallier tes difficultés cognitives. Elle a cherché, vraiment, et je lui en suis très reconnaissante.

Une autre épreuve nous attend : le dispositif de contrat aidé arrive à terme pour Céline. La loi prévoit qu'au bout de trois années, une auxiliaire de vie scolaire ne peut rester auprès du même enfant. Tu dois donc changer d'AVS, la loi l'impose… Encore une hérésie du système. Céline est volontaire, elle te connaît, elle a pu expérimenter diverses approches pour t'aider. Nous devons lui dire au revoir, et c'est très difficile.

De nouveau, l'inconnu nous attend pour la rentrée. Je décide de faire confiance à la directrice pour le recrutement de la future AVS ; elle s'est tant impliquée cette année. Mais, sur la notification de la MDPH, il est bien écrit qu'il faut maintenant envisager une orientation autre que l'école ordinaire pour toi. Nous sommes en sursis.

Je n'aime pas la mère que je suis en train de devenir, épuisée, dure, indifférente aux petits bonheurs du quotidien. Je me sens si seule. Je suis fatiguée, Paul. Le discours de mon entourage change peu à peu. Certains m'assènent des conseils terribles : « Soulage-toi. Lâche. Trouve lui une bonne structure. Il sera pris en charge… » Ou bien : « Ton problème est qu'il n'est pas lourdement handicapé. S'il l'était plus, tu n'aurais pas à te poser de questions. » Les gens s'imaginent-ils seulement que, quand bien même ce serait ma volonté, trouver une « bonne » structure en France est une gageure, que les listes d'attentes s'envisagent en années, que nombre de nos enfants sont contraints de s'exiler en Belgique pour avoir une place quelque part ? Et comment peut-on penser que je devrais regretter le degré de handicap de mon fils ? La MDPH évalue son « taux d'incapacité » – c'est le terme employé – entre 50 et 79 %. Des chiffres, un numéro de dossier qui nous déshumanisent.

Ma médecin généraliste, qui, pendant longtemps, a soutenu que tu évoluerais d'un coup, modifie son point de vue. J'ai pris de plein fouet ce conseil qu'elle m'a donné un jour au cours d'une consultation : « Vous devez faire vacciner au moins Paul contre l'hépatite. Du fait de son handicap, il fait partie des populations à risques pour les abus sexuels. » Tu as 6 ans alors... J'obtempère parce que je sais qu'elle a raison. Tu es tellement fragile, tu le seras longtemps, probablement toujours.

C'est vrai, il y a eu quelques nuits d'insomnies où j'ai été tentée de céder aux injonctions des institutions. Et puis, le simple fait de t'imaginer loin de moi, de tes frères, de ton foyer que tu aimes, de l'école, me rappelle à l'ordre comme une décharge électrique. Jamais. Tu vivras ton enfance auprès des tiens, dans la douceur rassurante de ta maison, entouré de notre amour. Tu joueras dans une cour d'école, tu participeras aux fêtes de fin d'année scolaire, tu auras l'insouciance de côtoyer des enfants qui n'ont pas d'autres préoccupations que leur fête d'anniversaire, le jeu à organiser à la prochaine récréation, le costume à porter pour le carnaval ou le jouet qui pourrait être déposé sous le sapin de Noël... Je porte au creux de moi l'intime conviction que tu en es capable. Mais, pour cela, il faut que je fasse des choix.

L'année de CE1 démarre difficilement, avec toutefois un beau geste de la directrice d'école. Elle a recruté une jeune fille auprès de Pôle emploi, qui lui paraît faire l'affaire pour le poste d'AVS. Mais, comme l'année précédente, le contrat n'est pas validé par le rectorat au 1er septembre. Le jour de la rentrée, nous pénétrons dans la cour la boule au ventre. La directrice vient vers moi, me dit qu'il est hors de question que l'on revive la même souffrance que l'année précédente, qu'elle a anticipé, et qu'elle prend sur la caisse de l'école pour payer la jeune femme en attendant la résolution des difficultés administratives. Elle flirte avec la légalité par fidélité au sens de sa mission, et je trouve cela formidable. Son engagement a été réel dans ton parcours, j'en garde une reconnaissance profonde et une foi renouvelée dans le corps professoral.

Ton AVS t'accueille donc, mon Paul. Mais ce n'est pas Céline. C'est son premier emploi, elle n'a pas d'expérience, pas de formation. Tout est à reconstruire. Ta nouvelle maîtresse semble également assez mal à l'aise face à ta différence, et la présence d'un adulte dans sa classe la perturbe. Je sens que j'arrive au pied du mur.

L'impact a lieu quelques jours plus tard, lors de la réunion de rentrée parents-enseignants. Celle-ci se tient dans la salle de classe. Les parents reçoivent comme consigne de s'installer à la place de leur enfant, indiquée par un dessin qu'ils ont réalisé et qu'ils ont signé. Je cherche ton emplacement, et je me retrouve assise au fond de la pièce, à un bureau à l'écart, avec cette tache de couleur informe et ton prénom ajouté par une main d'adulte. J'ai le sentiment atroce de vivre physiquement et moralement ta mise au ban. L'enseignante commence la réunion par ces mots qui me transpercent le cœur : « C'est une classe de super-lecteurs ! On va avancer vite ! » Malgré tous mes efforts, tu n'es pas encore capable d'associer B et A.

Elle ne mentionne pas la présence d'une AVS dans la classe, ta différence, Paul. Peut-être pense-t-elle me préserver. C'est tout l'inverse. Je l'ai expérimenté depuis : il vaut mieux dire aux parents, et aux enfants, quel que soit le niveau, qu'il y a aussi un enfant avec handicap dans la classe, donner des informations adaptées sur ce handicap, expliquer le rôle de cet adulte qui va accompagner l'élève. Le cas échéant, un mystère s'installe, une réalité fantasmée. La tolérance se crée par un discours de vérité. Était-ce à moi d'intervenir à ce moment-là ? Je n'en ai pas été capable. Aujourd'hui, je n'hésite plus, et j'en ai vu les bénéfices. Ce jour-là, j'ai le sentiment de subir une humiliation supplémentaire. Je me mets à sangloter, et je dois quitter la réunion avant son terme. L'échec est annoncé.

Et de fait, lors d'une première réunion de l'ESS en novembre, la directrice se fait la porte-parole de l'équipe enseignante pour me dire qu'elle pense être arrivée aux limites de ce qu'elle pouvait apporter à Paul – et je ressens qu'elle en est sincèrement désolée. Il faut trouver à Paul une CLIS, classe pour enfants handicapés.

Il n'y en a pas dans ma ville. L'enseignante référente, qui représente le rectorat, me parle d'une place dans une école à sept kilomètres. Mais il s'agit d'une CLIS pour enfants handicapés moteurs. Je suis sidérée. Où est la cohérence ? Comment ce dispositif pourrait-il aider Paul ? Pas de réponse, mais moi je la connais : une fois de plus, on se décharge du « problème ».

Il faudrait une CLIS TED, spécialisée dans les « troubles envahissants du développement ». La plus proche est à une vingtaine de kilomètres.

Je téléphone, on me parle de deux ans de liste d'attente... La solution devient de plus en plus claire : Estelle et Damien m'ont proposé leur aide pour le financement de la thérapie comportementale de Paul via l'association. Je vais retourner à mes racines, comme le géant Antée, ou Gavroche, toucher la terre pour reprendre des forces, demander une mutation vers le Nord, rejoindre mes amis d'enfance, ma mère, et une association, une nouvelle famille.

En parallèle, tout s'écroule. Le bateau prend l'eau de toute part. J'assiste depuis plusieurs mois, impuissante, au délitement de mon couple. Un fossé d'incompréhension nous sépare. Je n'ai pas de force pour cette bataille-là. Choisis tes combats, tu ne seras pas capable d'en mener plusieurs de front ! C'est une longue route qui nous attend, Paul. Une épreuve d'endurance, je le sais maintenant. Alors, je renonce progressivement à ce qui constituait mon idéal de jeunesse, notre projet de vie initial. J'en suis profondément désolée. J'aurais tant aimé que mes enfants vivent cette sécurité affective qui m'a construite. Si tes frères parviennent peu à peu à comprendre, tu restes, toi, perplexe, me réinterrogeant sans cesse sur le fait que nous sommes toujours une famille. Vous n'êtes en rien responsables, mes fils. Vous êtes nés d'un grand amour, voilà l'essentiel. Mais cela restera, je crois, une plaie ouverte pour chacun d'entre nous. Jeter mes forces dans la bataille de ton avenir, cela donne un sens à ce virage imprévu.

Il manque une pièce fondamentale, Paul, dans ton parcours. Je vais l'obtenir, ce diagnostic que je connais déjà. J'ai contacté le Centre Ressource Autisme des Yvelines au cours de ton année de CP. On m'a annoncé un délai d'attente de dix-huit mois. Sur les conseils de Damien, je prends rendez-vous avec une psychiatre parisienne en libéral, spécialisée dans les troubles autistiques. Je lui écris une longue lettre, retraçant ton parcours, une fois de plus. Elle accepte de me recevoir en urgence. Je suis tellement fatiguée d'être seule dans ces démarches qu'Anne m'accompagne, pour qu'elle entende avec plus de distance et qu'elle m'aide aussi à canaliser ton angoisse, toujours prégnante pour les rendez-vous médicaux.

Une série d'examens est à nouveau prévue, tout en libéral : un bilan orthophonique complet, sur plusieurs séances, un bilan psychologique avec une thérapeute formée aux méthodes comportementales, plusieurs après-midi également. Rien n'est remboursé. Des sommes conséquentes. Peu importe. Je fais des allers-retours à Paris, notamment le matin de la tuerie de *Charlie Hebdo*. Et puis arrive le jour de la restitution finale, la consultation d'annonce. Anne est à mes côtés. Je sais déjà ce que le médecin va me dire. Finalement, cela fait déjà longtemps que je le sais : oui, Paul est autiste. Ce n'est pas une douleur, c'est un soulagement. Le sentiment de sortir d'un long tunnel, ou de remonter enfin à la surface de l'eau pour prendre une grande bouffée d'oxygène.

Après une description des différentes classifications sur l'autisme (on parle d'ailleurs désormais de TSA, « troubles du spectre autistique »), le docteur pense que tu entres dans la catégorie des « troubles envahissants du développement non spécifiés », c'est-à-dire que tu n'as pas tous les critères des troubles autistiques (communication, déficit d'interactions sociales et intérêts restreints). Tes problèmes d'interactions sociales ne sont pas spécifiques, mais plutôt secondaires à tes autres difficultés. Les troubles cognitifs et de communication, ainsi que les intérêts restreints, eux, ne laissent pas de place au doute.

Le bilan psychométrique révèle une déficience intellectuelle, un écart de trois ans par rapport à ta classe d'âge. Le médecin insiste : c'est une « photographie » prise à un instant donné, cela ne présage en rien de tes facultés d'évolution. Mais le parcours s'annonce difficile. Elle répond posément à toutes mes questions et me recommande, pour ton profil, une prise en charge plurielle : orthophonie, ergothérapie et thérapie comportementale. Ergothérapie et ABA ne sont pas prises en charge par la sécu... Je lui parle de ce que je compte mettre en place dans la Somme. Elle approuve. Elle m'affirme aussi qu'au vu de tes capacités il faut essayer de te maintenir en milieu ordinaire, le bénéfice du contact des autres enfants apparaissant comme une évidence.

Dans le même temps, les séances de psychothérapie au CMPP, avec une heure sur les deux consacrée à une thérapie mère-enfant, continuent. Je supporte, je sais que je vais partir. Mais je veux le faire en douceur, sans esclandre, pour te préserver aussi, Paul, et par respect pour le travail effectué en orthophonie et psychomotricité.

Les témoignages sur les forums de parents concernant des signalements pour défaut de prise en charge auprès de l'ASE me glacent le sang. Je préviens : nous allons déménager, tu auras une prise en charge en orthophonie, en ergothérapie, et un psychologue. Tout est en place. J'ai plus de détachement désormais : je passe des heures à écouter l'analyse de tes dessins, à te regarder renverser les meubles d'une maison de poupée, ou bien assise par terre, en cercle avec toi et la thérapeute, à taper sur un xylophone à tour de rôle, afin que se crée le « lien entre l'enfant, la mère et la thérapeute »... J'accepte de te caresser le dos dans une position fœtale afin que tu revives ton temps gestationnel raté. J'avoue éprouver un plaisir coupable le jour où, ayant amené Octave, qui souffre d'un début de gastro, celui-ci vomit tout son petit déjeuner sur la porte du bureau de la psychologue. Il y aura là matière à analyser...

Nous partons finalement de région parisienne, et c'est un déchirement. Je quitte vingt ans de vie, des amis, des collègues auxquels je m'étais beaucoup attachée, mais pour un projet qui a du sens, un nouvel espoir.

En septembre 2015, j'obtiens auprès du rectorat, aux forceps, l'autorisation d'un doublement supplémentaire : tu recommences un CE1, à 9 ans, dans cette école de Picardie maritime où j'enseigne également. Toute une équipe s'est constituée autour de toi, j'y travaille depuis six mois : le psychologue ABA, une orthophoniste, une ergothérapeute, l'association OnTEDautrement, et puis Emmanuelle... Une aventure humaine commence.

En quittant la région parisienne et en intégrant cette nouvelle école, je ne voulais pas tomber dans le piège de l'AVS qu'on m'impose et qui ne fait pas l'affaire. Emmanuelle est la cousine d'une amie d'enfance, d'une autre sœur de cœur, Charlotte, qui nous a présentées. Je sais qu'elle est en reconversion professionnelle et s'intéresse au handicap. Elle est aussi monitrice d'équitation, passionnée de chevaux. Nous nous rencontrons à plusieurs reprises, nous parlons vrai. Elle veut tenter cette expérience. Mon instinct m'a finalement rarement trompé : elle s'investit totalement dans la bataille pour ton avenir. Elle accepte de venir se former à mon domicile, en même temps que moi, à la méthode ABA, pour qu'il y ait une concordance, une cohérence de ta prise en charge. Je confie à cette femme ce que j'ai de plus précieux, cette mission si complexe, et elle vit avec moi l'ascenseur émotionnel permanent, les jours de régression, et les jours de victoire.

Tu deviens lecteur avec elle. Ce que l'on met en place est exceptionnel. Nous ne sommes pas censées communiquer. La loi n'autorise normalement pas cette proximité entre une AVS et la famille. Je veux bien croire que le travail de collaboration entre l'équipe enseignante, l'AVS et la famille soit parfois difficile à réaliser, mais, lorsque c'est possible, cela devient un atout indéniable, et efficient ! Emmanuelle entre, de fait, dans mon intimité la plus profonde. Pas de masque avec elle, elle sait tout, elle comprend tout. Cette femme que je connais depuis peu de temps devient comme un membre de ma famille. On se retrouve à pleurer ensemble des belles choses qui se passent en classe. Elle sauve la vie de mon enfant, chaque jour, petit à petit. La précarité de son statut me révulse. J'ai vu passer les sommes attribuées par l'État au CMPP, notamment pour les séances de psychothérapie. Je sais ce que coûte quotidiennement un accueil en hôpital de jour. Faire d'auxiliaire de vie scolaire une vraie profession, avec une formation approfondie et adaptée, un salaire décent, m'apparaît comme l'une des clés d'une inclusion scolaire réussie. Tout sauf un emploi de réinsertion. Quelle hérésie !

Dans la Somme, le fait d'appartenir à l'association donne un sens nouveau à ce voyage que j'ai entrepris avec toi, mon Paul. Se battre, communiquer sur l'autisme, me permet de sortir de la solitude pesante que je ressentais depuis si longtemps. C'est aussi accepter, et c'est difficile, de faire appel à la générosité d'autrui, la solidarité pour financer l'ABA qui, concrètement, te fait faire un bond en avant dans tes apprentissages.

Mon orgueil a pâti de dévoiler devant des inconnus mon incapacité à payer ta prise en charge. Mais la cause souffre bien plus du silence. Alors je mets à mal ma pudeur. L'organisation d'événements caritatifs me permet de vivre des moments de partage très forts. Je pense à toutes ces personnes – artistes, musiciens, humoristes, sportifs, commerçants, journalistes, amis bénévoles – qui, spontanément ou à notre demande, ont répondu présent pour nous aider à trouver des fonds, à sensibiliser. Ta singularité, Paul, devient aussi révélatrice de la beauté de l'humain.

La bataille de ton autonomie est encore loin d'être gagnée, mais l'espoir est là. Il y a tant à faire, au sein de l'Éducation nationale notamment. Je voudrais redire que ces expériences ne sont pas une charge contre le corps enseignant. Mais à quand une école où chacun pourrait apprendre à son rythme, selon ses difficultés ?

Finalement, aujourd'hui, tu sais lire, même si c'est deux ans après tes camarades. Je m'interroge si souvent sur la prof que j'aurais pu être sans toi. Aurais-je eu la tolérance, les capacités d'adaptation, de remise en question dans mes pratiques ? Sincèrement, je l'espère mais je n'en ai pas la certitude. J'ai été formée à l'école des classes préparatoires, on m'a inculqué ce goût de l'exigence intellectuelle et des méthodes de raisonnement normées. Cette illusion d'une forme d'élitisme aussi. Cultiver, développer l'intelligence de notre jeunesse fait partie de notre mission. Mais il est tant de formes d'intelligence… Mon fils m'a fait le cadeau de découvrir cela. Tu me pousses, Paul, dans mes retranchements, tu bouleverses tout, et c'est comme cela que j'aime mieux. Ma mission d'enseignante a pris une dimension nouvelle.

Des maîtresses formidables ont aussi contribué largement aux progrès fous que tu as réalisés. Il me semble que la peur viscérale de mes collègues, que je partage, est de ne pas être utile ou de ne pas être à la hauteur face au défi de la progression de *tous* les élèves. Et le handicap, parce qu'il est ressenti comme imposé (et bien souvent mal accompagné), met bon nombre d'enseignants en situation d'échec et, de fait, est redouté. Je ne crois pas à une méthode miracle, mais je suis pragmatique : ce que nous avons mis en place collectivement, ce travail quotidien que nous effectuons porte ses fruits, et tu es désormais capable de réaliser des choses que beaucoup pensaient impossible : lire, écrire, compter. Et ton épanouissement n'en est que plus visible. Tu adores l'école, tes copains de classe te soutiennent, t'encouragent et t'apprécient sincèrement.

Les maîtresses qui te suivent m'avouent vivre des moments exceptionnellement émouvants. Il y a notamment les applaudissements fournis lorsque tu as été capable de lire devant toute la classe. L'une d'elles, aura un cri du cœur : « J'ai eu peur lorsque j'ai appris que Paul allait être dans ma classe. Aujourd'hui, je peux vous dire que ce n'est que du bonheur ! » Tout en reconnaissant que, sans la présence d'Emmanuelle, ce serait bien plus compliqué, voire infaisable. Sans mentir sur les difficultés et l'investissement que cela induit, je veux simplement dire à mes collègues enseignants : n'ayez pas peur ! Faites le pari d'accueillir ces différences. Vous avez le pouvoir de changer des vies.

Depuis ton diagnostic, des regards extérieurs ont aussi tenté de m'intimer le silence, certains en émettant des doutes : « Tu es sûre qu'il est autiste ? Il parle, il semble sociable. » Ou de très délicats : « Mais il est tellement mignon ! » D'autres veulent minimiser l'impact de ta différence sur ton futur: « De quoi te plains-tu ? Il est en bonne santé physique, il ne risque pas de mourir. Il n'est pas très atteint… » Soit. Argument imparable. Tu vas vivre, Paul, et je veux bien entendre qu'il faut hiérarchiser les souffrances. La vie offre des rencontres merveilleuses, et émouvantes. Je pense à Katie, à son fils

Charles, atteint d'une maladie génétique rare, qui l'oblige à se battre pour l'acceptation de son handicap physique, et contre le délai permanent qu'on lui inflige sur son espérance de vie. Ou à la lutte d'Évrard et Marie pour leur fils et contre la mucoviscidose. Je ne peux envisager la souffrance et l'idée de la perte de son enfant.

Mais le problème n'est pas là. Si je ne me bats pas pour ton avenir scolaire, ton autonomie, ta place à part entière dans la société, si imparfaite soit-elle, quel avenir tout court peux-tu envisager ? N'est-ce pas là fondamentalement une question de vie ou de mort ?

Tout au long de ton parcours, je me suis posé la question de mon acceptation, de la légitimité de ma colère. Aujourd'hui, je sais que ta différence, je l'accepte, je la revendique même. Je n'attends pas tout de l'État à titre personnel, je crois que je prends largement ma part de responsabilité dans ce voyage inattendu, d'autant plus depuis que nous avons commencé l'ABA. Ce qui est insupportable, c'est que tes droits fondamentaux ne soient pas respectés, et le fait que nous, familles, lorsque nous tentons tout notre possible pour faire progresser nos enfants, nous ne soyons pas soutenues, épaulées, guidées. Et lorsque les familles ne peuvent assumer ce combat quotidien, pour tant de raisons que jamais je ne jugerai, il faut une société solidaire et des dispositifs qui permettent ces progressions. Qui sait ? Je n'ai pas moi-même la prétention de me croire infaillible, et peut-être faudra-t-il un jour que je passe le relais.

Comme pour mon rôle de prof, je me suis interrogée aussi sur mon engagement associatif, ma place de citoyenne. Je milite aujourd'hui, mais cela part d'une situation personnelle, et je ne fais pas beaucoup, pas assez. J'éprouve une admiration immense pour ces mères et pères qui ont fait de leur souffrance un combat pour tant d'autres. Je repense à ma vie d'avant. Serais-je sortie de ma zone de confort, aurais-je eu suffisamment d'empathie pour m'associer à ces luttes, si je n'avais pas été directement concernée. Je me prends à l'espérer, pour me rassurer sur ma propre valeur.

En côtoyant le milieu associatif, à l'échelle nationale, j'ai découvert que l'autisme est une famille complexe, avec ses luttes intestines, ses guerres fratricides, des querelles d'ego et de pouvoir, délétères... Pourquoi est-ce si difficile de s'unir pour défendre une même cause, l'avenir de nos enfants ? Les associations permettent de sortir de l'isolement, de parler à des parents qui comprennent ce que l'on vit au quotidien, de trouver des informations, de partager notre révolte, de mener des combats. Cela a été réellement salvateur dans notre parcours. Et je reconnais, avec gratitude, que des victoires essentielles ont été obtenues par elles ces dernières années, pour que la France sorte peu à peu de l'obscurantisme. Il reste des avancées colossales à conquérir, et le travail collectif doit donc être constructif. Notre point commun originel, fondamental, devrait être plus fort que tout : l'amour de nos enfants, l'espoir en leur avenir. Notre force serait l'unité. Ce n'est pas le cas.

L'histoire de l'autisme dans notre pays est si complexe. En France, la conception de ce trouble a longtemps été en décalage par rapport à celle qui prévaut dans la communauté internationale scientifique et médicale. Considéré comme une pathologie psychiatrique, les parents, principalement la mère, étaient tenus pour responsables. Les enfants n'étaient pas diagnostiqués et étaient placés sous neuroleptiques dans des hôpitaux psychiatriques. Pourtant, aux États-Unis et en Grande-Bretagne, l'autisme n'est plus considéré comme une psychose infantile depuis 1980, et il y a été établi depuis la fin des années 1960 qu'il n'a rien à voir avec la façon dont les parents éduquent et aiment leurs enfants. Dans ces pays, et dans la plupart des pays du monde, les enfants autistes sont scolarisés en milieu ordinaire, ce qui n'est le cas que de 20 % des enfants autistes chez nous, et c'est encore souvent à temps partiel, accompagnés de personnes aux emplois précaires et non formées. La France a déjà été condamnée par le Conseil de l'Europe pour non-respect de ses obligations éducatives à l'égard des personnes autistes.

Et l'on entend encore trop souvent, ou l'on apprend à des gens qui n'y connaissent rien, que c'est une psychose infantile ! Il est établi scientifiquement que l'autisme est un trouble neurodéveloppemental. La colère est donc profonde, violente, légitime. Les sujets de conflits, les points de dissension au sein du milieu associatif viennent peut-être d'une absence de consensus sur les solutions à apporter.

Depuis que nous avons entamé ce long voyage, Paul, je ne cesse de penser à l'article premier de la Déclaration des droits de l'homme et du citoyen. Je l'avais appris à l'école, mais il prend tout son sens avec toi : « Tous les êtres humains naissent libres et égaux en dignité et en droits. Ils sont doués de raison et de conscience et doivent agir les uns envers les autres dans un esprit de fraternité. »

Pour clore ce chapitre, il faut que je dise un mot de tes frères. Mes fils, eux aussi, bon gré mal gré, embarqués dans ce voyage tourmenté. Lorsque nous sommes arrivés à Oulan-Bator, j'avais surmonté une épreuve, ce long voyage que j'appréhendais. Mais celle que je redoutais le plus était sans doute la précédente : dire au revoir à Gabriel et Octave, mes deux autres garçons. Je les ai consultés avant de prendre la décision de nous lancer dans cette aventure. J'aurais aimé les emmener. Tu t'en es inquiété : « Pourquoi ils viennent pas, mes frères, Maman ? »

La sécurité, les frais, la logistique que cela supposait s'avéraient trop compliqués. La philosophie du projet, aussi. Passer du temps avec toi en dehors des enjeux de tes acquisitions scolaires, et confronter tes capacités de communication à un monde aux antipodes du tien. Tes frères jouent souvent le rôle d'intermédiaires entre ton univers et le leur. Alors, pour ce voyage, je sacrifie un été à leurs côtés. Un sacrifice de plus.

Gabriel fêtera ses 15 ans et l'obtention de son brevet des collèges sans moi. Nous avons eu la chance, ton frère aîné et moi, de vivre il y a quatre ans une aventure rien que tous les deux, dans l'Ouest américain. Profitant d'un déplacement professionnel de votre papa, et utilisant l'argent légué par ton grand-père, j'ai cédé, déjà, à ce besoin de vivre l'instant présent, même si ce n'était pas raisonnable. Le lien avec mon aîné s'est un peu distendu au fil des épreuves. Au cours de ce road trip fabuleux, nous avons eu le temps d'échanger, parcourant des kilomètres de route dans les grands espaces, découvrant les paysages somptueux d'une nature démesurée. En l'absence de GPS, il a été mon guide. Il sait que cela nous a été bénéfique, que cela nous a rapprochés. Il voit aussi les efforts que nous devons tous faire pour te soutenir, Paul. Alors il approuve. « Fais-le, Maman. Vous en avez besoin. »

Pour Octave, c'est plus difficile. Un mois sans sa maman, à 6 ans, lui paraît une éternité. Il aura à ses côtés sa grand-mère, puis son papa. Mais il est si précieux, ce temps estival où l'on se retrouve à un autre rythme. Je lui promets qu'un jour, ce sera son tour de voyager seul avec moi. La destination dont il rêve m'attendrit, car elle exprime cette part d'innocence que j'aimerais qu'il garde encore un peu : il voudrait partir en Laponie pour rencontrer le Père Noël et voir des aurores boréales.

Elle est belle, cette fratrie. Ça joue, ça crie, ça s'engueule, ça s'adore, ça se déteste, mais, en vrai, ça s'aime. Et, comme dans chaque famille, il faut apprendre à partager l'affection et l'attention de ses parents.

Sauf que, chez nous, le partage est inégal, de fait. L'autisme est chronophage, l'autisme est anxiogène. Tes frères, Paul ne te perçoivent pas à travers le prisme du handicap. Tu es leur frère, point. Et c'est très bien ainsi. Mais je ne peux m'empêcher de voir la part d'enfance et d'insouciance que cela leur vole parfois, et le temps que je ne peux leur consacrer.

Je pense à ton petit frère qui m'a reproché de ne pas regarder assez attentivement ses cahiers de CP, de ne jamais faire partie des mamans accompagnatrices pour les sorties scolaires. Tu lui mènes la vie dure, parfois, car tu prends conscience qu'il te rattrape dans les apprentissages. Il a su lire avant toi. Il est tellement bavard, il te renvoie plus intensément que ton frère aîné les signes de ta différence. Toi qui n'es pas agressif dans la vie scolaire, tu te montres souvent brutal avec ton petit frère ; cela me demande une surveillance constante.

Gabriel souffre aussi. Un jour où tu t'étais cogné la tête assez fort contre le chambranle d'une porte, ton frère aîné, âgé alors de 8 ou 9 ans, m'avait avoué qu'il aurait aimé que cet accident change le fonctionnement de ton cerveau, que cela te « guérisse ». Ou qu'il aurait souhaité qu'Octave arrive avant toi. Comme ça, il aurait eu quelqu'un avec qui jouer. Il me parle d'injustices, il dit que j'accepte des comportements de ta part que je ne tolérerais pas de lui. Je les accueille, ces paroles, même si elles me font mal.

En grandissant, ta singularité commence à faire sens. Gabriel est blessé d'entendre des collégiens se traiter d'autistes. Il s'indigne de voir écarter d'un groupe un élève qui est différent, quelle qu'en soit la raison. Et il s'investit, à sa mesure, dans la bataille : il a organisé une journée de sensibilisation dans sa classe de 5e, il est bénévole pour les soirées caritatives de l'association.

Plus récemment, alors que je le voyais plongé dans ses réflexions, il me dit qu'il pense à l'avenir. Qu'il faut qu'il ait plus tard un métier suffisamment rémunéré et une maison assez grande pour pouvoir t'accueillir, Paul, quand je ne serai plus là. Cela m'étreint le cœur, à la fois parce qu'il envisage des responsabilités qui ne sont pas de son âge, mais aussi parce qu'il éprouve cet amour pour toi, et cette inquiétude pour le futur.

Tes deux frères perçoivent mes difficultés, mes angoisses, mes colères. Une tristesse qui s'est installée aussi, et contre laquelle je lutte. Je commence à avoir peur de la mort. Pas tant pour moi que pour la responsabilité qui pourrait leur incomber. Et ta fragilité, Paul, qui demeurera. Je ne veux pas que leurs choix de vie soient conditionnés par des responsabilités qui ne sont pas les leurs. Au même titre que toi, mes deux autres garçons ont le droit d'être libres. Me battre pour ton autonomie future est donc bel et bien une bataille pour la liberté de mes trois enfants.

C'est ainsi : l'autisme est une aventure qui embarque toute la famille. Je répète tant que je peux à mes garçons que je les aime, qu'ils sont tous les trois un merveilleux cadeau de la vie. Cette situation fera aussi d'eux, je le crois, des adultes ouverts, tolérants, généreux. Elle est belle, cette fratrie.

Je ne veux pas que vous grandissiez dans la peur, mes fils. Je lutte contre mes peurs et ma tristesse. Faites de même. Il faut vivre, maintenant. Avec les risques que cela suppose.

Nous allons voyager. Rire, courir dans le vent, monter sur des chevaux, aller vers l'inconnu, et nous laisser surprendre. Nous serons libres.

Tes frères, Paul, nous accompagnent chaque seconde de ce voyage. Vous êtes avec moi, mes fils.

Sur l'asphalte de ce chemin de bord de mer, c'est le moment, Papa. Je peux te laisser partir, aller de l'avant, redresser la tête et me battre. Je t'ai vu te battre avec acharnement et dignité, pas seulement contre la maladie, mais toute ta vie. Ne pas subir, ne pas courber l'échine dans l'adversité, donner le meilleur de soi aux siens, aux autres.

Avec ton stylo plume, je trace ces lignes. Papa, ta main semble guider la mienne. Toi qui étais viscéralement attaché à la justice, chaque jour, tu te tiens à mes côtés dans le combat.

3
UN APRÈS-MIDI À L'ÉLYSÉE

De grands bâtiments austères, une salle de classe un peu grise, des murs nus, et, soudain, cette femme blonde, élégante, solaire qui pénètre d'un pas assuré, un sourire franc aux lèvres. Elle dégage une joie de vivre qui n'est pas celle de la plupart de nos professeurs. Son regard bleu nous scrute, l'un après l'autre. Son charisme emplit la pièce, le silence se fait. Elle est différente, elle a envie d'être là. Un professeur ne peut pas mentir, là-dessus. Je l'ai éprouvé des deux côtés de la barrière.

Le fait qu'elle ait, des années plus tard, connu ce destin exceptionnel n'y change rien. J'aurais dit la même chose il y a dix ou vingt ans. Brigitte Macron, qui était alors madame Auzière, a été *le* professeur de ma scolarité, un souffle de passion, d'exigence, de rigueur intellectuelle, et de liberté dans un quotidien parfois étriqué.

Je suis en première, l'année du baccalauréat de français. Pleine de doutes quant à mon orientation future, j'ai choisi l'option économique et sociale, mais notre classe est constituée pour moitié de littéraires. Des camarades qui ne sont pas légion dans ce lycée qui valorise plus, comme souvent, la filière scientifique, des camarades au profil plus artiste et atypique. Je m'y sens bien, et les cours de français deviennent ceux que nous attendons avec impatience chaque semaine. Je n'ai pas le souvenir d'un seul élève ne serait-ce que réticent d'y assister. Le français est ma matière de prédilection mais pourquoi cet engouement collectif ?

Ce qui me marque alors déjà, c'est cette bienveillance, l'intérêt que Brigitte porte à chacun d'entre nous, quelles que soient nos aptitudes. Jamais je ne l'ai vue condescendante, infliger une remarque blessante à un élève en difficulté ou un peu provocateur. Ferme sans être autoritaire, respectée sans susciter de crainte. Et l'incarnation passionnée… Elle est celle qui m'a fait plonger à cœur perdu dans la littérature.

Je me souviens particulièrement de ses cours sur la poésie, un genre littéraire auquel j'étais plus hermétique. Les vers de « L'Ennemi » de Baudelaire, déclamés et révélés se sont écrits, indélébiles, dans ma mémoire :

« Ma jeunesse ne fut qu'un ténébreux orage,
Traversé çà et là par de brillants soleils ;
Le tonnerre et la pluie ont fait un tel ravage,
Qu'il reste en mon jardin bien peu de fruits vermeils.

Voilà que j'ai touché l'automne des idées,
Et qu'il faut employer la pelle et les râteaux
Pour rassembler à neuf les terres inondées,
Où l'eau creuse des trous grands comme des tombeaux.

Et qui sait si les fleurs nouvelles que je rêve
Trouveront dans ce sol lavé comme une grève
Le mystique aliment qui ferait leur vigueur ?

– Ô douleur ! Ô douleur ! Le Temps mange la vie,
Et l'obscur Ennemi qui nous ronge le cœur
Du sang que nous perdons croît et se fortifie ! »

Ce poème qui porte en creux la poétique baudelairienne, extraire la beauté de la souffrance, du mal – « il faut passer par la douleur pour pouvoir créer », avait écrit Brigitte –, m'avait bousculée par ce cri final : « Le Temps est l'Ennemi, fugace, inéluctable, et nous renvoie à l'urgence de vivre ici et maintenant. »

Sur cette même thématique, et avec la même exaltation, Brigitte nous avait fait découvrir « L'Évadé » de Boris Vian, l'histoire de cet homme qui fait le choix de déserter, poursuivi par des soldats, mais qui avant de mourir « avait eu le temps de voir / Le temps de boire à ce ruisseau / Le temps de porter à sa bouche / Deux feuilles gorgées de soleil / Le temps d'atteindre l'autre rive / Le temps de rire aux assassins / Le temps de courir vers la femme / Il avait eu le temps de vivre ». Je reçois ce poème de 1954 comme un hymne à la vie, et l'exhortation à faire des choix pour exister pleinement. Il me reviendra, fulgurant, lors des attentats de novembre 2015.

Comme tout adolescent, en fin d'année scolaire, j'ai fait des feux de joie avec mes cours de maths, d'économie ou de latin, rituel crétin de passage à l'étape supérieure. D'elle, j'ai tout gardé. Comme cette dissertation sur les héros de roman. Elle me rend ma copie en disant « Tu es très amoureuse de Heathcliff. J'espère que tu seras aussi inspirée le jour du bac. Mais ne bovaryse pas trop, quand même… » J'avais lu à plusieurs reprises *Les Hauts de Hurlevent*, elle avait tout compris et me mettait aussi en garde.

Heathcliff est ce personnage qui incarne l'absolu d'un caractère et d'une passion, pas un romantisme mièvre. De plus, il représente la figure de l'étranger mal-aimé, rejeté, et qui développe un désir de vengeance insatiable.

Je rêve de mes lectures. *Madame Bovary*, Brigitte y revient sans cesse. Elle insiste : nous n'avons pas le droit de ne pas aimer ce roman de Flaubert, qui raconte le destin d'Emma, bourgeoise normande emprisonnée dans ses idéaux romantiques. La confrontation du rêve et de la médiocrité du réel finit par lui être fatale. Brigitte apprécie son ironie mordante que je touche alors à peine du doigt. Baudelaire et Flaubert… Deux écrivains qui ont en commun la même année, 1857, d'avoir comparu pour « outrage à la morale publique et religieuse et aux bonnes mœurs ». *Les Fleurs du mal* et *Madame Bovary* sont devenus deux chefs-d'œuvre de la littérature. En ce printemps 1993, Brigitte fête ses quarante ans. Aux garçons qui la taquinent sur son âge, elle répond : « Messieurs, vous n'avez rien compris. Quarante ans est le plus bel âge de la femme. » Cette phrase me laisse alors songeuse, presque curieuse d'élucider cette énigme aux accents de vérité. La suite de l'histoire dira que Brigitte Auzière n'est pas Emma Bovary. Une héroïne qui est dans la vie, la tête dans les étoiles et les pieds sur terre.

Un film a particulièrement marqué ma génération. J'en connaissais chaque réplique quasiment par cœur. *Le Cercle des poètes disparus*, de

Peter Weir est sorti au cinéma en 1989. Robin Williams y incarne John Keating, un professeur de lettres qui bouleverse la vie de ses élèves. Au cours de cette année de première, en suivant les cours de madame Auzière, je ne cesse d'y penser. Dans le film, la maxime du poète latin Horace, *Carpe diem*, « Profite du jour présent », est omniprésente. Il porte aussi une invitation à trouver qui l'on est, et à s'inventer un destin. C'est le message délivré par Keating à ses élèves : « On lit ou l'on écrit de la poésie non pas parce que c'est joli. On lit et l'on écrit de la poésie parce que l'on fait partie de l'humanité, et que l'humanité est faite de passions. La médecine, le commerce, le droit, l'industrie sont de nobles poursuites, et sont nécessaires pour assurer la vie. Mais la poésie, la beauté, l'amour, l'aventure, c'est en fait pour cela que l'on vit. Pour citer Whitman : "Ô moi ! Ô la vie ! Tant de questions qui m'assaillent sans cesse, ces interminables cortèges d'incroyants, ces cités peuplées de sots. Qu'y a-t-il de bon en cela ? Ô moi ! Ô la vie !" Réponse : "Que tu es ici, que la vie existe, et l'identité. Que le prodigieux spectacle continue et que tu peux y apporter ta rime. Que le prodigieux spectacle continue, et que tu peux y apporter ta rime..." Quelle sera votre rime ? »

Sur la photo de classe de l'année scolaire 1992-1993, Brigitte pose au milieu de nous; pas à côté. Tout est dit. Étonnamment, la photo est en noir et blanc. Volonté jésuitique de cultiver un certain classicisme ? Toujours est-il que cela accentue ma nostalgie. En observant les visages adolescents de cette assemblée, j'ai le sentiment que c'est la question qu'elle nous a posée au cours de cette année de formation : « Quelle sera votre rime ? » Dans le mien, je vois que j'ignore tout de la réponse. Mais je me souviens aussi du souhait que porte le sourire de Brigitte Auzière – « Oh capitaine, mon capitaine » : surtout, soyez heureux.

Aujourd'hui, en exerçant mon métier, je m'arrête parfois pour tenter de déceler, émue, les promesses d'avenir que portent ces visages d'enfants, si tant est que l'école puisse prendre toute sa part pour aider à les réaliser…

Le visage de Paul, comme celui de tous les enfants autistes que je croise, porte aussi cette promesse, et il est insupportable qu'elle soit empêchée.

L'année suivante, Brigitte me propose d'intégrer l'atelier théâtre qu'elle a initié. Je passerai donc encore, avec bonheur, mon année de terminale à ses côtés. Notre troupe se retrouve tous les mardis soir. Elle nous annonce rapidement son projet : monter l'adaptation d'une pièce d'un auteur italien, Eduardo De Filippo. Il s'agit de *L'Art de la comédie*. Adaptation nécessaire, car il n'y a pas assez de rôles pour chacun de nous.

Cette pièce des années 1960 raconte la folle journée du préfet De Caro, qui vient de rejoindre son tout nouveau poste. Il doit recevoir pour la première fois ses administrés. Oreste Campese, le directeur d'une troupe itinérante, se présente pour demander audience. Son théâtre a brûlé, il vient chercher l'aide qu'il ne trouvera pas. Pour le préfet, l'art du théâtre n'est que mensonge et distraction futile ; pour Campese, il représente l'essentiel de la vie. Je me souviens de cette tirade : « Les gens rient d'en voir là devant eux, certains si ridicules, ils pleurent d'en voir d'autres si tristes. Mais ce sont eux que nous leur montrons, c'est l'homme que chaque soir nous jetons en pâture à la foule. Le spectacle du genre humain ! » Au moment d'être congédié, Oreste met la main sur la liste des notables que le préfet doit recevoir dans l'après-midi… S'ensuit un défilé de personnages hauts en couleur et porteurs d'histoires invraisemblables, dont le spectateur ne sait pas plus que le préfet s'il s'agit de réalité ou de fiction – une institutrice, un médecin, sept mariées pour un mari, un prêtre, un couple de paysans, un pharmacien. Au-delà de la farce, la pièce livre une réflexion sur le masque que nous portons tous, et sur la place du théâtre dans la cité. La mise en scène proposée par Brigitte et Jean-Baptiste Deshayes souligne cela : nous entrons avec des masques de la Commedia dell'arte. Pour le final, lorsque nous sommes tous réunis sur scène, nous sommes accompagnés en fond sonore par la chanson *Come di*, de Paolo Conte. « La comédie d'un jour, la comédie de ta vie… »

Brigitte m'attribue le rôle d'une des sept mariées, qui réclame au préfet de légitimer son mariage face aux six autres épouses délaissées. Instant poétique et drôle à la fois. Sept amoureuses transies du même homme qui les a abandonnées. La scène est dynamique, nous alternons les répliques à un rythme vif. Le préfet nous demande de décrire ce mari que nous recherchons : « Il a vingt ans. Il harpe, il arque, il ancre, il hampe, il manifeste, il lampionne, il boit le lait bru et le vin nouveau, il dort à la lune, il va à la découverte, il visite les mers et les stades, les steppes et les églises, les oueds et les lagunes, les blanches montagnes et les ciels étoilés… » Ce passage qui évoque la steppe, c'est à moi qu'il échoit, et j'aime y voir aujourd'hui un clin d'œil du destin. Le mari finit par se présenter et confirme qu'il est marié, oui, à la littérature.

Ce texte, Brigitte l'a inventé et coécrit avec Emmanuel Macron, un camarade de classe de mon frère cadet, un an plus jeune. Il tiendra quant à lui le rôle d'Oreste Campese.

Le projet prend une ampleur particulière lorsque nous apprenons que nous allons participer à un festival lycéen. Nous pourrons jouer la pièce plusieurs fois, et dans un vrai théâtre ! Décor, costumes, mise en scène, affiches. La date des représentations approchant, je me rappelle quelques soirées de répétition, au cours desquelles Brigitte nous engueule parce que nous ne sommes pas assez concentrés, ou parce que nous ne savons pas correctement notre texte. Son exigence, toujours, à nous emmener plus loin. On rit beaucoup, aussi.

Cette année de théâtre reste l'un des plus beaux souvenirs de mon adolescence. Sentiment partagé par les anciens avec lesquels j'ai gardé contact, Benjamin, Jean-Baptiste, Manuela, Antoine, Claire, Camille... Cette expérience nous a soudés, avec pour point d'orgue un premier prix obtenu au festival ; il nous est remis par Gilles de Robien, alors maire d'Amiens, qui fera un parallèle presque divinatoire entre l'art du théâtre et la politique. Dans cette institution traditionnelle qu'était la Providence, alors que nous, élèves, étions oppressés par les enjeux de l'après-bac, Brigitte nous a offert une bulle de respiration salutaire, une légèreté, une liberté d'être et d'expérimenter cette émotion si particulière de la scène, et je lui en suis infiniment reconnaissante. Ma jeunesse fut loin d'être un ténébreux orage, Brigitte en fut un brillant soleil.

Quelques années plus tard, je retourne la voir, lorsque je prends la décision de passer le concours de recrutement pour devenir professeur de lettres. Elle m'y encourage, réaffirmant l'amour qu'elle a pour ce métier et l'épanouissement qu'il lui a procuré. Comme toujours, elle a le verbe juste et cette force de conviction qui l'habite. J'ai peur de ne pas être à la hauteur. Elle me rassure sans mentir ; c'est un métier difficile, mais chaque progrès constaté, chaque émotion éveillée chez un élève au contact de la littérature est une immense satisfaction. Elle me conseille de choisir autant que possible les œuvres qui me font vibrer. Je pense à elle citant Baudelaire, Émile Verhaeren et Boris Vian, le jour de la dissertation littéraire générale du CAPES, un sujet qui portait sur la poésie.

Je mets aussi un point d'honneur, dans ma pratique professionnelle, à avoir un regard pour chacun, et à sourire, comme elle le faisait. Ce qu'il a pu me rassurer, ce sourire, lorsque j'étais élève… Paul le percevra lui aussi lors de cette improbable visite à l'Élysée.

Après cet échange sur la vocation d'enseignant, je croise Brigitte, de temps à autre, main dans la main avec Emmanuel dans les rues du Touquet, ou bien au manège sur la digue, grand-mère aimante et attentive. Mais l'occasion de leur faire connaître mes enfants ne s'est jamais présentée. D'eux, je ne dirai rien, je n'ai rien à en dire – si ce n'est que le temps prouve qu'il s'agit d'un grand amour. À l'aune des choix que j'ai dû faire pour les miens et pour moi, dans ma vie de femme, je mesure le courage qu'il a fallu à Brigitte. Et j'en éprouve une autre forme de respect.

Le temps passe. Je reviens de moins en moins souvent dans la station balnéaire du Nord. Et puis, il y a cette fois, à l'été 2012, quelque temps après la nomination d'Emmanuel au poste de secrétaire général de l'Élysée. Je la croise dans les rues du Touquet, et l'on s'arrête au milieu de l'agitation, un matin de marché. C'est drôle, je n'ai jamais eu le sentiment d'échanger des banalités avec elle, de parler de la pluie et du beau temps, exercice dans lequel je suis généralement mal à l'aise.

Très vite, elle me parle de l'engagement politique d'Emmanuel. Dans ses propos affleure presque l'étonnement qu'il ait choisi cette voix.

Elle évoque à demi-mot les réactions que cela suscite dans son entourage, et la dureté de ce monde-là. Elle prend aussi le temps de m'écouter lorsque je lui parle de la maladie de mon père, des six mois terribles que l'on vient de vivre à l'accompagner vers l'inéluctable. Elle a un geste de tendresse qui me touche ; elle me prend dans ses bras en me souhaitant du courage dans cette épreuve. Mon père mourra le lendemain. Je ne parle pas de Paul. Y ai-je seulement pensé ? Je ne sais plus. La douleur de la fin imminente a envahi mon cœur et mon esprit. Sans diagnostic d'autisme à ce moment-là, je ne suis pas encore entrée dans le combat militant. Et puis, à titre personnel, je ne supporte pas l'opportunisme. La médiatisation, la « célébrité » soudaine d'Emmanuel modifient pourtant déjà le comportement des gens à son égard. Elle reste la même, attentive, empathique.

En avril 2016, Emmanuel lance le mouvement En Marche. J'ai la conviction dès lors qu'il ira jusqu'au bout, malgré le scepticisme de mes proches. Impensable, bien trop prématuré, pari insensé… Ce sont les mots que j'entends. Et moi, je pense à ce programme qui va nécessairement se construire. Il faut qu'il sache, il faut lui dire ce monde parallèle où vivent des milliers de familles et d'enfants, oubliés de la République. Il la faut, cette « révolution », dans la prise en charge du handicap – et de l'autisme en particulier –, et tenter de faire changer le regard de notre société. Je pense d'abord à écrire une lettre. Mais ils doivent déjà en recevoir tant. La machine médiatique s'emballe. Je n'ai pas de numéro de téléphone, j'espère les croiser en week-end au Touquet. Je préférerais parler. Tant de choses à dire.

Une connaissance commune finit par me donner le numéro de Brigitte. Nous sommes début octobre. Emmanuel n'a pas encore annoncé officiellement sa candidature à la présidentielle, c'est une question de semaines. Sans plus réfléchir, j'envoie un soir ce long SMS, comme un appel au secours. Le lendemain, j'assiste à une conférence sur la langue française avec l'ensemble de mes collègues. Mon téléphone vibre. Je ne décroche pas. À la pause, j'écoute le message vocal. Et cette voix qui m'est encore si familière… « Bonjour, Domitille. C'est Brigitte. Emmanuel peut te parler ce soir vers 20 heures. Rappelle-nous. Je t'embrasse. »

Voilà, je sais, c'est à elle que je vais parler, j'ai confiance, c'est une mère, c'est une prof, elle relaiera.

Le reste de la journée passe et, dans ma tête, se pressent et se mêlent les histoires de tous ces enfants mis au ban. Vais-je trouver les mots ?

À 20 heures, elle décroche. Pas de politesse superflue, pas de mondanités. On entre dans le vif du sujet, et on parle vrai, comme si l'on s'était croisées la veille. Je lui jette tout, sans tri. Cette souffrance, ces vies gâchées, l'errance diagnostique, le manque de moyens, la précarité, les hérésies administratives, l'absence de prise en charge, ou les thérapies inadaptées, les jugements lapidaires qui condamnent, et la difficile inclusion scolaire. Elle écoute, elle questionne. Elle me dit ce qu'elle sait de l'autisme, elle y est déjà sensibilisée par des amis qui sont grands-parents d'enfants autistes, elle a eu des élèves Asperger, mais elle reconnaît aussi qu'elle en sait peu. Et puis, ce cri du cœur lorsque j'évoque la mise en accusation des mères quant au handicap de leur enfant : « C'est dégueulasse !... » Elle semble incertaine sur la suite des événements. Prudente : « Je ne sais pas s'il y arrivera. Mais, si c'est le cas, je veux être utile pour cette cause-là. »

Cette heure de conversation, riche, dense, prend forcément fin trop tôt. Le sujet est d'une telle complexité. « On reste en contact. Il faut que j'en sache plus », me dit-elle. On parle du passé, un peu, de nos familles, et je crois que ça nous fait du bien à toutes les deux, elle plongée dans la course folle de la présidentielle, moi dans le marathon qu'impose l'autisme. Elle me demande si je suis toujours prof de lettres. Je lui réponds que oui, et que très probablement cela me sauve la vie. Et elle, maternelle, fidèle à elle-même : « C'est bien, ma cocotte. Continue, accroche-toi. C'est un métier formidable. » L'appel se clôt avec un engagement d'Emmanuel : s'il est élu, l'autisme et le handicap feront partie de ses priorités. Il promet, il a promis… Je m'endors un peu plus facilement ce soir-là. Avec un nouvel espoir.

La campagne se poursuit, avec les rebondissements que l'on sait, et dans un climat de violence, d'agressivité, qui m'affecte. Rien, ou si peu, qui me permette d'être positive sur l'acceptation de la différence, et j'ai peur du monde tel qu'il va pour l'avenir de mes enfants. Je le creuse, cependant, ce tunnel d'espoir, et je continue d'échanger avec Brigitte.

Je lui propose de parler à un président d'association parentale, acteur de terrain, celui qui m'a tendu la main pour offrir à Paul l'accès à la thérapie comportementale qui le fait tant progresser. Elle doit compléter sa connaissance de ce qui se passe concrètement. Cela devient trop lourd pour mes seules épaules, j'ai besoin de m'appuyer sur des pros. Je lui envoie son numéro, et elle l'appelle dans la foulée. Je n'ai pas pris le temps de prévenir Damien… Il lui faut quelques secondes pour réaliser : « Pardon ? Brigitte qui ?... » Au-delà de l'anecdote, qui nous amuse toujours, il a avec elle une longue discussion, parle du combat qu'il mène avec sa femme Estelle pour leur fils Victor, mais aussi pour d'autres enfants, de la place primordiale du milieu associatif dans la problématique de l'autisme. Il lui propose de lui préparer une synthèse détaillée, avec des études et des chiffres vérifiés, en faisant appel aux professionnels de son réseau. Ce qu'elle accepte, et elle en fera une lecture attentive. Elle consulte aussi d'autres associations nationales, et elle prend conscience de l'ampleur du scandale.

Le matin du débat entre les deux tours, je ne peux m'empêcher d'envoyer un message. Je sais qu'il n'y aura pas de débat de fond – il ne peut y en avoir avec les pensées extrêmes, il n'y en a pas réellement eu dans cette campagne gangrenée par les affaires, les fausses rumeurs, les polémiques stériles, les invectives comme arguments. Les grands sujets nationaux occuperont le devant de la scène, le redressement économique, le chômage, l'éducation, la sécurité, l'Europe... C'est légitime, mais n'oubliez pas nos enfants, le problème n'est pas anecdotique. Ce soir-là, mon fils aîné me verra fondre en larmes lorsque Emmanuel consacrera sa carte blanche au handicap et à l'autisme.

« Pourquoi tu pleures, Maman ? s'inquiète-t-il.
– J'espère, Gabriel. Simplement, j'espère… »

J'envoie alors un SMS à Brigitte : « Merci. » Elle me répond aussitôt : « C'est un combat essentiel. »

J'aimerais tant pouvoir en parler avec Paul, lui raconter l'émotion que je vis, lui dire qu'il est considéré.

Emmanuel est élu. Instant surréaliste de les voir entrer dans l'Histoire, tous les deux. Parce qu'elle sera là, à ses côtés. Ceux qui prétendent qu'elle a le choix, qu'elle pourrait ne pas être impliquée, sont d'une infecte hypocrisie. Le reste m'échappe maintenant. C'est entre leurs mains. Je dois faire confiance. Au message de félicitations que je lui envoie après la victoire, elle répond : « On n'oublie rien. »

Le reste est connu. La nomination de Sophie Cluzel, femme de terrain, mère d'une enfant trisomique, au poste de secrétaire d'État chargée des personnes handicapées. Le fait qu'elle soit sous tutelle du Premier ministre, afin qu'une action transversale puisse être menée entre l'Éducation, la Santé et l'Emploi, nous apparaît comme une ambition nouvelle.

Avec Damien et Estelle, je reçois courant juin une invitation à l'Élysée pour le lancement des concertations du Plan Autisme 4. Beaucoup d'acteurs de terrains sont conviés, des responsables et des spécialistes que je souhaite entendre. Problème : cet événement a lieu le 6 juillet, veille de notre départ en Mongolie. Je serai à Paris pour pouvoir prendre l'avion le lendemain, mais je n'ai personne à qui te confier, Paul. Si je veux y assister, il faut que tu viennes avec moi. J'en informe le secrétariat de l'Élysée. Je reçois alors cette invitation nominative, irréelle :

« Monsieur Emmanuel Macron
Président de la République
prie Monsieur Paul D.
de bien vouloir venir au lancement
de la concertation du 4e Plan Autisme,
au Palais de l'Élysée, le jeudi 6 juillet 2017
à 14 h 30.
Tenue de ville. »

Émotion indicible, fierté de mère, fierté de la militante de l'autisme que je suis devenue. Oui, ce n'est qu'un symbole, car tout reste à faire. Mais je me bats tant pour que tu aies ta place de droit dans notre société que, soudain, l'honneur qui t'es fait d'être reçu dans le plus haut lieu du pouvoir me bouleverse. Et je voudrais tant que l'on sache, que l'on croit que je ressens ta présence comme celle de tous les enfants différents qui ont droit à cette promesse d'avenir…

Ce soir-là, après l'école, je te montre l'invitation, que tu déchiffres. Silence. Puis :

« Pourquoi on dit monsieur ? Je suis pas un monsieur, moi, je suis un garçon. Et c'est où, Maman, l'Élysée ?

– C'est à Paris, Paul. C'est la maison du chef de la France. On va rencontrer le Président. »

Ça, tu t'en moques ! Tu as entendu « Paris ». Qui dit Paris dit métro. De là l'enthousiasme, l'obsession. « Hein, à Paris ?! On va à Paris ! On va prendre le métro ? Quelle station ? Combien de stations ? On va compter le nombre de stations. »

On étudie le plan, on envisage plusieurs parcours. Il faut évidemment choisir le plus long, avec des correspondances. À l'approche du jour J, les questions, récurrentes, quotidiennes, sur notre voyage en avion, sont remplacés par les demandes de confirmation du nombre de stations et des numéros de lignes pour rejoindre l'Élysée. Cinq fois, dix fois, vingt fois…

Et puis, cette fameuse « tenue de ville ». Alors que nous préparons nos sacs pour barouder en Mongolie, il faut prévoir, à part, ce que nous porterons ce jour-là. Je te laisse choisir, tout en t'expliquant que tu ne peux pas venir en tenue de sport, ou en short – car tu as des goûts assez arrêtés, parfois surprenants, en termes d'association de couleurs et de style vestimentaire. Tu aimes les couleurs vives. Je me dis que tout doit être fait pour que tu sois à l'aise. Que de bouleversements et d'inattendu dans ta vie si ritualisée, mon Paul ! Tu sélectionnes un pantalon rouge offert par ta grand-mère. Et j'insiste un tout petit peu quand même pour une chemise en lin blanche, parce que toi, tu voudrais mettre ton sweat à capuche, celui qui a un motif de dinosaure. Il va faire chaud, j'imagine que mon choix convient mieux. Erreur ! Comme si je ne connaissais pas encore assez ta sensorialité différente… La matière de cette chemise neuve te semble rêche, désagréable, et le contact des boutons sur la peau te gêne. Sur de nombreuses photos prises cet après-midi-là, je te vois tenir la boutonnière éloignée de ton torse.

Dans la presse matinale du jeudi 6 juillet, on annonce le lancement des concertations, on parle autisme. On dit aussi que le couple présidentiel doit recevoir en marge des conférences prévues à l'Élysée un groupe de jeunes autistes pour le goûter. J'ignore totalement si tu dois en faire partie. J'ai fait le choix de retrouver dans Paris Damien et Estelle, qui viennent en voiture, et qui ont eu l'autorisation d'entrer dans la cour du palais présidentiel, afin d'éviter la longue file d'attente au contrôle de sécurité. On a tenu compte du profil de nos enfants. Victor, le fils de mes amis, devait être présent. Malheureusement, malade ce matin-là, il ne partagera pas avec Paul ce moment. Le rendez-vous est pris à la station Monceau, pour que mon bonhomme ait sa dose de métro.

Nous partons de banlieue. RER C, puis la ligne 6 jusqu'à Charles-de-Gaulle-Étoile, et enfin la ligne 2. Tu t'es apprêté, ton petit sac sur le dos contenant entre autres de l'eau, de la nourriture – tu as toujours peur d'en manquer –, ton doudou Mickey, et mes chaussures à talons. J'ai des tongs aux pieds, car j'imagine mal devoir cavaler après toi dans les couloirs du métro avec mes escarpins.

Dans les transports, tu te postes, comme à ton habitude, devant les portes, actionnant l'ouverture pour chaque passager. C'est le rôle que tu t'es attribué, personne ne peut t'en déloger, même à une heure de grande affluence. Je t'observe, émue, absorbé dans le décompte des arrêts et ignorant tout de l'endroit où tu te rends. Puis, soudain, dans le silence de la rame, tu me lances : « Maman, on va voir François Hollande ? » Je ris. Merci, Paul. Une petite mise au point rapide tout de même : non, mon Paulo, ce n'est plus lui, c'est Emmanuel Macron le Président, maintenant.

Nous en avons parlé. De Brigitte aussi. Essaie de ne pas te tromper... Et, en même temps, j'adore ta candeur, ta spontanéité, et même cette ignorance des conventions sociales. Un peu de neurodiversité à l'Élysée, cela risque d'être drôle !

Nous retrouvons nos amis boulevard Malesherbes, à la terrasse d'un café. Nous sommes tous un peu nerveux et étonnés de ce qui nous attend et évoquons les enjeux de cette journée. Paul, toi, tu te plonges avec délectation dans le spectacle de la circulation parisienne. Nous montons dans la voiture de Damien, il est temps. Je sens le rythme de mon cœur s'accélérer, je pense à retirer mes tongs, à lisser ma jupe déjà froissée par le trajet, je pense à mon père. Nous arrivons rue du Faubourg-Saint-Honoré. Premier cordon de sécurité, on vérifie nos identités, nos cartons d'invitation. Puis un deuxième agent nous invite à patienter quelques instants en voiture avant de pouvoir pénétrer dans la cour d'honneur du palais. Sur le trottoir, la longue file des invités qui sont venus à pied. Toi et moi, Paul, sommes assis à l'arrière, je ne te quitte plus des yeux.

Je regrette presque de ne pas être venue avec ma petite Dacia d'occasion, pour entrer par la grande porte, au même titre qu'un ministre ou un chef d'État. Le décalage m'aurait beaucoup amusée. Et puis, symboliquement, ç'aurait été faire entrer un peu de réalité de Français lambda dans ce lieu qui est censé en tenir compte, mais qui en paraît si éloigné.

Tandis que nous passons sous la haute arche où flotte le drapeau tricolore, et que nous roulons sur les graviers de la cour d'honneur, je te répète: « Regarde, Paul, tu arrives devant le palais de la présidence de la République ! » Toi, sur un ton presque lassé : « C'est bon, Maman, je sais… » Tu observes les marches du perron et, presque aussitôt, déçu : « Il n'est pas là, Emmanuel Macron ? » Non, mon fils, tu n'es pas accueilli par le chef de l'État à ta descente de voiture. J'aurai pourtant la surprise, une heure plus tard, de te voir attendre au côté de Brigitte le Président sur ces marches, comme si tu le recevais.

Nous restons un temps devant le prestigieux bâtiment orné des symboles de notre République. Quelle sensation étrange de se trouver dans ce lieu maintes fois observé à travers l'écran d'un téléviseur. Jamais je n'aurais imaginé, quelques semaines plus tôt, de pouvoir y entrer un jour. Papa, tu serais bien étonné, et fier ! Damien pense, je crois, à la même chose que moi. Il y a de la gravité, aussi, dans ce moment solennel où nous avons tous en tête les décisions qui pourraient se prendre pour l'avenir.

Au moment de pénétrer dans le vestibule d'honneur, une voiture officielle vient se garer au bas des marches. Sophie Cluzel en descend. Je me présente et lui présente Paul. Elle semble surprise de voir là un petit garçon un peu perdu dans tout ce decorum. Elle te serre la main en te regardant dans les yeux. Je lui glisse : « Vous savez que nous attendons tant de votre action. » Elle lève vers moi son regard bleu, me sourit et répond simplement : « Je le sais. »

Nous passons les immenses portes de verre, accueillis par des huissiers en livrée. Foulant du pied les grandes dalles de marbre, tu salues tout le monde, répétant en boucle : « Bonjour, je m'appelle Paul. » Tu es le seul enfant que je vois. Je suis un peu inquiète quant au déroulé de l'après-midi. Jamais tu ne tiendras en place durant les conférences.

Nous sommes dirigés vers l'aile ouest, dans la salle des fêtes, principal lieu de réception du palais, transformé cet après-midi en salle de conférences avec estrade, écran, et un parterre de chaises. Nous sommes nombreux, et je croise, étonnée, des visages du combat. Tous ces noms que je connais, ces personnes dont j'ai lu les livres, suivi les discours passionnés, admiré l'engagement, avec lesquels j'ai parfois échangé sur les réseaux sociaux : Danielle Langlois, la présidente d'Autisme

France, Hugo Horiot, divers représentants d'associations, Josef Schovanec, Lydie Laurent… Les militants de l'autisme. Et les ministres : Sophie Cluzel, Agnès Buzyn, Jean-Michel Blanquer, Frédérique Vidal. Le président de la République doit clôturer l'événement.

Dorures, lustres en cristal, lourdes tentures de velours rouge… Le faste qui se déploie sous nos yeux me suggère une salle de spectacle. Tant de moments d'Histoire s'y sont déroulés. Je repense à cette pièce de théâtre jouée il y a plus de vingt ans à Amiens. Surprenantes circonvolutions du destin. C'est une autre pièce qui se joue ici. Pourvu que les masques tombent, pourvu que les paroles prononcées s'inscrivent dans la réalité, pourvu que les promesses ne soient pas fictives… Je vois les regards étonnés, et bienveillants, qui se posent sur Paul : que fait un enfant ici ?

Les discours vont bientôt commencer. Il faut que je sache si mon fils peut avoir un autre programme. Je me dirige vers un responsable du protocole, je demande s'il est possible que Paul se joigne au groupe de jeunes autistes qui doit venir visiter l'Élysée. On me répond que non, qu'il y a des procédures, que ce n'est pas comme cela que ça se passe. Alors forcément, je joue la carte « Je les connais ». On me demande mon nom, on va se renseigner.

Sophie Cluzel ouvre la concertation : « L'autisme est une question majeure qu'il nous faut mieux comprendre, mieux diagnostiquer, mieux accompagner… » Et je te vois Paul, le nez en l'air, fixé sur la lumière des lustres. Je repense à ce parcours du combattant pour obtenir le diagnostic, à ce combat permanent pour ta prise en charge, à ce monde qui te comprend si mal, mon fils.

Pierre-Olivier Costa, le directeur de cabinet de Brigitte, interrompt mes réflexions : Paul va pouvoir participer à la visite avec les autres enfants et adolescents. Seulement, les parents ne sont pas autorisés à les accompagner. Le couple présidentiel souhaite un contact direct avec ces jeunes qui viennent sans leur famille. Je t'explique donc que tu vas partir avec ce monsieur que tu ne connais pas, que tu vas rencontrer le Président et sa femme, que tu vas visiter le bureau du chef de l'État, goûter avec lui, et que je ne serai pas là. Tu réponds : « Oui, d'accord », comme si tout cela était parfaitement naturel.

Mais il faut attendre une heure. Alors je te laisse jouer sur l'épaisse moquette rouge, en observer les motifs, demander cinq fois des verres d'eau ou de jus d'orange au serveur du buffet, manger des tranches de cake. J'ai cette image de toi assis par terre, le nez en l'air sous les ors de la République tandis que tous les officiels défilent pour égrener les enjeux du Plan Autisme 4. Peut-être une part de ton avenir se joue-t-elle ici, Paul.

Pierre-Olivier Costa vient enfin te chercher. Je te vois partir, serein, confiant, main dans la main avec un inconnu, comme tu as déjà été capable de le faire. Tu vas retrouver Brigitte. Moi aussi je fais confiance. Le reste, je le découvrirai à travers les médias, comme tout le monde. Je reçois des textos de proches qui me disent qu'ils te voient en direct sur BFM. Tu poses pour cette photo de groupe sur les marches de l'Élysée. Ton pantalon rouge fait écho à la veste que porte Brigitte. Je vois cette main protectrice qu'elle pose sur ton épaule. Et puis, tu gravis les marches de l'escalier Murat, vers le bureau présidentiel, en serrant la main d'Emmanuel. Tu salues les gardes républicains, tu as l'air très sage et heureux.

Cette exposition médiatique n'était pas du tout prévue, je souhaite qu'elle laisse augurer de l'importance que prennent les enfants différents dans la politique gouvernementale. Je sais qu'il sera difficile d'avoir une restitution de ta part sur ce qui s'est dit ou passé, j'en crève de curiosité. Les photos et vidéos faites par les services de presse constituent donc de précieux souvenirs.

Tu reviens après une bonne heure, en compagnie du chef de l'État. Les mots de son discours me touchent : « Comme me l'ont dit si joliment ces jeunes, notre problème, c'est que ça ne se voit pas. Le handicap est souvent invisible dans l'autisme, la souffrance est là parce qu'il n'y a pas de solutions apportées à ce que l'on vit. » Il dénonce la surmédicalisation, qui va à l'encontre de l'inclusion. Il rappelle qu'il n'y a pas d'homogénéité dans l'autisme, et qu'il ne peut donc y avoir une réponse unique. La société doit changer de regard sur l'autisme, et plus largement sur le handicap. Un défi de civilisation…

C'est l'heure du cocktail. Brigitte et Emmanuel sont pris d'assaut, je vais attendre mon tour. Je te retrouve, Paul, un sourire béat aux lèvres. Je te bombarde de questions. « C'était bien ? Tu es content ? Vous avez discuté ? » Les réponses sont lapidaires, évidemment. Je devrais m'en contenter. « Brigitte, elle est gentille, elle me sourit. Et Emmanuel Macron m'a donné la main. J'ai vu son bureau, c'est un peu le bazar. J'ai mangé des bonbons… ».

J'aperçois Josef Schovanec, cet écrivain, philosophe, voyageur polyglotte, qui est aussi autiste Asperger et défend avec tant d'intelligence et d'humour la dignité des personnes avec autisme. J'ai dévoré ses livres et ses chroniques, *Voyage en Autistan* ou *Je suis à l'Est*. Il fait partie de ses personnes qui m'inspirent, il a tant insisté sur les bienfaits du voyage, formidable expérience de la diversité humaine… Je lui présente Paul et lui parle de notre périple mongol qui va commencer, de la philosophie de mon projet. Il trouve cela formidable, nous encourage, et commence à te parler de la langue khalkha, majoritaire en Mongolie. Mais mon zébulon, tu n'écoutes déjà plus et tu t'enfuis pour te précipiter vers Brigitte, que tu veux revoir encore. Peu importe la file d'attente.

La foule tourbillonne, oppressante. Je constate cette hystérie collective que provoque leur présence. Elle a juste le temps de me dire que tout s'est très bien passé. On s'embrasse, je la remercie, elle sait que ce n'est pas qu'un mot. Je parviens enfin jusqu'à Emmanuel. Il se tourne vers moi. « Tiens, salut, tu vas bien ? » Et me fait la bise comme si l'on s'était croisés la veille. Maman en serait malade, elle qui m'a dit avant de partir : « Tu ne vas quand même pas embrasser le président de la République ! » Je le remercie pour son engagement, mais il faut aller jusqu'au bout. Il me parle de Paul. « Il est adorable, je crois qu'il a apprécié cette visite. Et il est très heureux de partir en Mongolie avec sa maman. » Incroyable, Paul, tu lui as parlé du voyage ! Je n'en saurai pas beaucoup plus. Damien aura, quant à lui, juste le temps d'évoquer le nécessaire remboursement des thérapies comportementales. Une photo, et c'est déjà fini. Nous sortons un peu sonnés.

Bien qu'il soit dix-huit heures, il fait encore une chaleur écrasante. Après avoir embrassé Estelle et Damien, nous marchons un long moment tous les deux, calmement, main dans la main, dans les rues de Paris, pour rejoindre une station de métro. Ton regard se perd dans la circulation, et je suis en proie à une foule de sentiments contradictoires. L'engagement d'Emmanuel suscite un espoir fou… Je crains qu'il ne soit nécessairement déçu. Il a souligné aujourd'hui cette difficile dialectique de l'urgence à court terme et de la transformation profonde à long terme. Je garde espoir, évidemment, que les propositions de prise en charge évoluent, et que, progressivement, le regard sur le handicap change. Mais combien de temps faudra-t-il ? Cette révolution que toutes les familles appellent de leurs vœux – et c'est pour certaines quasiment une question de vie ou de mort –, nous la voudrions immédiate. Le problème de la prise en charge de l'autisme est tentaculaire. La formation, tant au niveau du corps médical que du corps enseignant et des accompagnants, si elle doit être de qualité et efficace, prendra beaucoup de temps.

Et que dire du regard d'une société entière, encore assujettie aux peurs, aux préjugés associés à ce trouble ? Nous, parents, sommes dans l'urgence d'offrir un avenir à nos enfants. Tant d'adultes ont déjà été sacrifiés. Paul a 10 ans, je ne suis pas convaincue qu'il bénéficiera des changements tant espérés. Et encore faut-il que les réformes de fond prennent la bonne direction. Mais un responsable d'association me l'a rappelé un jour à fort juste titre : nos enfants héritent des avancées de ceux qui ont lutté avant nous, pour la loi de 2005, notamment. Il faut intégrer que l'on se bat aussi pour les générations à venir, pas uniquement pour nos petits.

Je ne crois pas aux miracles, mais j'ose croire encore aux hommes de bonne volonté et au courage politique. Sinon, à quoi bon… L'image de la main de Brigitte posée sur l'épaule de mon fils reste gravée en moi. Je crois à la sincérité, à la parole de cette femme.

Demain, nous tenterons d'oublier un peu tout cela. Les enjeux, la course effrénée aux solutions pour l'avenir, même l'espoir. Demain, une autre aventure commence, mon Paul. Demain, nous partons en Mongolie…

4
UN VOYAGEUR TRÈS PATIENT

Yalla, mon fils ! Nous vivons avec ce projet de voyage depuis plus de six mois. Je me pose tant de questions pour identifier clairement les réponses aux pourquoi. Oui, elles sont nécessairement plurielles. Nous donner ce temps hors du temps, nous retrouver dans une relation autre que celle du travail qui te sauve. Assumer ta différence, dévoiler tes capacités de communication au-delà de tes difficultés langagières, comportementales, cognitives. Je veux aussi te faire connaître la nature sans limites, toi qui as tant d'obstacles à surmonter. Te montrer que tu es libre, qu'il ne faut pas avoir peur. Et puis éprouver la qualité, la profondeur d'un autre langage.

Je serai ton égal, car je ne parle pas mongol. Toi pour qui l'acquisition de la parole a été si complexe, toi qui ne maîtrises pas encore vraiment l'art de la conversation dans ta langue, tu communiqueras comme tu sais le faire – par ton sourire, tes gestes, ton regard. Les rapports humains en seront épurés, je le sais.

À titre personnel, je ressens ce besoin de fuir mes semblables. Une misanthropie s'est progressivement installée, au fil de notre parcours. J'ai souffert du regard des autres, de la perception de tes particularités. Certaines phrases ou attitudes qui ont jalonné ton chemin restent des plaies profondes. La société me semble de plus en plus agressive, violente, intolérante.

Le retour dans la Somme de mon enfance ressemble d'une certaine façon à un ermitage, même s'il a permis de constituer autour de toi, autour de moi, une équipe, un soutien. C'est paradoxal, car les gestes de solidarité se multiplient depuis que nous avons intégré l'association. Et ce voyage est financé en grande partie par une cagnotte Leetchi que j'ai lancée comme une bouteille à la mer. Des amis, de moins proches, et des inconnus ont participé, sans autre préoccupation que de nous permettre de vivre cette histoire tous les deux. La famille de Saran va nous accueillir. Ce sont autant de gestes de générosité qui me touchent profondément.

Mais je n'arrive plus à voir le beau, et il faut que je lutte contre cela, car je ne veux pas que tu grandisses aux côtés d'une femme dure, aigrie, inutilement vindicative. J'ai rencontré beaucoup de mamans qui ont connu notre parcours, qui se sont renfermées, et qui portent sur leurs visages la dureté de ce qu'elles ont subi. Comme je le comprends. Réflexe vital de protection, et miroir d'insupportables injustices. Il ne faut pas que cela m'envahisse. Toi comme moi, nous avons droit au bonheur, et faire ce voyage-là, avec toi, me rend vraiment heureuse.

Parce que je veux garder une trace de ce que je ressens, de ce que nous allons vivre, il faut que j'écrive comme je l'ai fait il y a bien longtemps, lors de ce premier périple en terre mongole. Étrange de reprendre l'écriture d'un carnet de voyage vingt ans après. Tant de choses se sont passées. Je ne suis plus tout à fait la même, et je me dis que j'ai nécessairement perdu la fraîcheur du premier regard, de la découverte. Mais c'est largement compensé par le fait que je te regarde, Paul, découvrir, avec toute la candeur et la spontanéité qui te caractérisent. Sois mes yeux, mon fils, sois mon guide, montre-moi la beauté du monde !

Le matin de notre départ, dans le hall de l'aéroport, tu portes sur tes épaules ce gros sac, et moi le mien. J'aimerais la poser, cette charge, parfois, ne serait-ce que quelques heures. Retrouver la légèreté de l'avant. Il y a tant d'années que je m'endors et me réveille en pensant autisme. Mais finalement, dès que l'on devient parent, l'insouciance n'existe plus. C'est relayé par cet espoir fondamental en la vie que l'on porte, que l'on accompagne. La vie qui à travers soi se perpétue et qui a son chemin propre. Tu marches devant moi d'un pas déterminé, confiant, parce que tu me fais confiance, vers cet avion qui nous emmène à l'aventure, et je trouve cela merveilleux. T'entraînant vers l'inconnu, j'ai parfois eu peur de mon inconséquence. Je me suis réveillée en sursaut les nuits qui ont précédé, en imaginant les difficultés, les dangers, même, que nous pourrions rencontrer au cours du séjour. Et puis, je les ai repoussées, ces angoisses, je ne les laisserai pas nous enfermer, Paul.

Nous avons bien préparé en amont le départ, d'abord en étudiant la carte du monde. Tu as tracé du doigt notre périple sur le planisphère de ta chambre, répétant comme une litanie toutes les étapes, le nom des villes, des pays. Nous allons partir de Paris, puis faire escale à Berlin, pour ensuite prendre un vol jusqu'à Oulan-Bator. J'ai alors encore mesuré tes progrès. Il y a quelques années, les notions mêmes de territoires, pays, monde, t'étaient inaccessibles. Il a fallu que je sache si tu pouvais voler, aussi. J'ai eu l'opportunité de t'emmener découvrir la baie de Somme dans un petit avion de tourisme, afin d'expérimenter sur un vol court les sensations physiques inhabituelles qu'un décollage et un atterrissage peuvent procurer. Un casque sur les oreilles, tu as eu ce cri du cœur, un large sourire aux lèvres : « C'est trop cool, Maman ! »

Tu as encore été capable – et cela constitue une avancée indéniable – de présenter un exposé sur la Mongolie à tes camarades de CE2, aidé d'un PowerPoint que nous avons réalisé tous les deux : distance, climat, habitat traditionnel, faune, flore, langue. Une prise de parole longue. Des photos de yourtes, d'animaux ou de paysages, et des phrases simples que j'avais notées au fil de tes réactions, te guident.

Nous avons également établi un glossaire de quelques mots et expressions mongols, que nous travaillons régulièrement à la maison depuis deux mois : « bonjour », « merci », « au revoir », « oui », « non », « je m'appelle »... Et tu joues au maître d'école, en faisant répéter à la classe ces mots de l'autre bout du monde, toi qui n'étais pas capable de prononcer une phrase complète il y a encore quatre ans. Un court extrait du film *Human,* de Yann Arthus-Bertrand, clôt la présentation : une petite fille nomade galope dans la steppe au milieu des troupeaux, puis un panorama, filmé du ciel, dévoile des paysages somptueux. Ton AVS me raconte comme le silence s'est fait. Une assemblée d'yeux ronds et de bouches ouvertes. Oui, ce pays convoque du rêve. Tes copains, séduits, surpris, expriment de vive voix leurs réactions : « Oh la la, mais c'est très loin ! » « C'est beau ! » Ou bien : « C'est bizarre, leur façon de vivre, leur façon de parler. » Bien sûr, on trouve de la bizarrerie dans ce qui est inconnu. Mais c'est une bizarrerie attirante, extraordinaire.

Tu passes donc pour un héros avant même notre départ. Tu sembles fier de l'intérêt que l'on porte à ce que tu vas accomplir. Tu n'es plus ce petit garçon aux attitudes parfois étranges accompagné par un adulte en classe, mais le garçon de l'école qui va partir en Mongolie.

Ce qui te reste inaccessible, c'est la notion de décalage horaire. Sept heures, en l'occurrence. Tu ne parviens pas à comprendre qu'il n'est pas la même heure chez toi et à Oulan-Bator. J'utilise un globe terrestre et une lampe torche pour te montrer que, lorsqu'une partie de la Terre est dans la lumière, l'autre est dans l'ombre. Tes questions sont très pragmatiques et portent, évidemment, sur des points de détail qui ne me seraient pas venus spontanément à l'esprit.

« On va dormir dans l'avion, Maman ?

– J'espère que tu vas dormir dans l'avion, oui, Paul.

– Mais comment on fait, pour le pyjama ? Il n'y a pas de lit ? Je n'aurai pas mon oreiller ? Et pour se brosser les dents ? Et on mange quoi, dans l'avion ? Il y aura des yaourts pour le dessert ?… »

Nous créons un petit scénario du déroulé du voyage, mais il faut que tu comprennes que tout ne se prévoit pas toujours. Les impondérables font aussi la saveur de l'aventure. C'est difficile, je sais que ce sera difficile, car tu es rassuré tant que les événements sont planifiés. Une des caractéristiques de l'autisme. Tes semaines sont ritualisées : le lundi, tu vois l'orthophoniste, le mardi, il y a piscine, le mercredi, tu retrouves avec bonheur poney et monitrice au centre hippique, le vendredi, le psychologue ABA intervient. Pour autant, je crois que ton papa comme moi nous avons forcé ta nature en laissant toujours une place à l'imprévu, à la spontanéité. Pour ce qui nous attend, plus aucun repère. Mis à part nous deux. Je fais le pari de ton adaptation. Tu te projettes finalement très peu dans ce qui va se passer après le vol, tout simplement parce que c'est l'inconnu.

Nous atterrissons au terme d'un long voyage – une quinzaine d'heures – ponctué de deux escales, à Berlin et à Moscou. Moscou est une surprise. Ce n'était pas annoncé au départ de Paris ni par l'agence de voyages. J'avais envisagé plusieurs options, les vols directs Paris-Oulan-Bator n'existant pas. J'ai privilégié les étapes courtes et, bien sûr, le moins de correspondances possibles. L'inattendu commence. Lors de mon premier séjour en Mongolie, j'avais fait escale à Novossibirsk, dans la plaine ouest de la Sibérie, ville étape du Transsibérien. L'aéroport m'était apparu du ciel comme une clairière perdue au milieu d'une gigantesque forêt de conifères. Nous avions dû descendre sur le tarmac, accueillis par des soldats armés de kalachnikovs, puis parqués dans une petite salle avant de pouvoir remonter dans un Tupolev à hélices, avec en toile de fond une aurore boréale. Quelque vingt années plus tard, à Moscou, on nous demande de sortir de l'appareil, de passer aux contrôles des passeports, puis au portique de sécurité en enlevant chaussures, ceintures... Même toi, Paul. On fouille nos bagages à main, tu observes d'un air inquiet, car ton sac contient des objets familiers – la peluche Mickey offerte par ton amie Lili, notamment. Nous avons ensuite repris nos places dans le même avion... Toi qui as sans cesse besoin d'être rassuré, tu me demandes vingt fois : « On est arrivé en Mongolie ?

– Non, Paul.

– On est dans quel pays ?

– La Russie.

– Mais tu m'as dit France, Allemagne, Mongolie… Alors, pourquoi on fait ça, Maman ? »

Eh bien je n'ai pas de réponse. Comment t'expliquer que nous quittons le territoire européen, que les règles changent, que c'est une question géopolitique ? Au retour, nous aurons droit au même scénario, avec toutefois une péripétie amusante. Principe de réalité oblige, j'ai voyagé sur les terres mongoles avec un couteau dans mon sac. Pas un canif : un vrai couteau à cran d'arrêt. Il était bien rangé au fond de ma valise à l'aller. Je l'oublie sur le trajet du retour au fond d'une petite poche de mon bagage à main. Lorsque je réalise, il est trop tard. Mais personne ne m'en fait la remarque au passage des portiques à Oulan-Bator. À Moscou, au contraire, la fonctionnaire russe le repère immédiatement sur l'écran de contrôle, et le sort de mon sac. Je suis livide. Elle déplie la lame, tourne et retourne le couteau. Puis elle me regarde, le visage inexpressif, regarde Paul, replie tranquillement la lame et remet l'objet dans mon sac, comme si de rien n'était. Je suis tellement étonnée que j'oublie de m'en débarrasser avant de passer aux contrôles de sécurité à Berlin, lors de notre seconde escale. Là, la réaction est tout autre. J'ai droit à une fouille approfondie de mon bagage, et même du sac à dos de Paul. Et, bien sûr, le couteau part à la poubelle. Le douanier n'en revient pas que j'aie pu monter dans un avion avec une lame pareille…

À l'aller, lors des transferts, je ne lâche pratiquement pas ta main, je ne te quitte pas des yeux, je te suis jusque dans les toilettes. J'ai déjà vécu cette expérience traumatisante de t'avoir « perdu ». Tu devais avoir 7 ans lorsqu'un jour, gare du Nord, alors que j'achète une bouteille d'eau parce que tu as soif, tu disparais. En quelques secondes, en silence, le temps que je sorte mon portefeuille. La gare est bondée. Je me précipite hors de la boutique, je t'appelle, je crie. Parmi la foule, je ne te vois plus. De très longues minutes. Nous sommes alors en état d'urgence, une patrouille de CRS perçoit mon affolement. J'explique très vite, je te décris. Les hommes se déploient. L'un deux, un géant de deux mètres, repère un petit garçon planté devant les Escalator qui descendent vers les couloirs du métro. Tu es là, absorbé dans l'observation du mécanisme de rotation des marches, tu ne réponds pas à l'appel de ton prénom. Tu ne comprends pas mon émotion. Quelques secondes d'inattention, et tout peut basculer.

La sécurité m'obsède donc au moment de notre départ, je te parle d'un fil invisible qui doit nous relier l'un à l'autre, et qui ne doit pas casser. Jamais toi sans moi, jamais moi sans toi. Toutefois, le vol que j'appréhendais tant s'est bien passé. La peur ne t'a pas envahi, Paul, si bien que tes comportements atypiques ont été assez restreints. Par comportements atypiques, j'entends des gestes répétitifs et gênants, une incapacité à rester assis à ta place, des bruits de bouche ou des cris. Au pire, une crise d'angoisse. Les scénarios que nous avons mis en place avant le départ, notamment avec ton psychologue, s'avèrent efficaces.

Dans ton petit sac à dos, notre kit de survie : ta peluche fétiche, les jeux de cartes que tu affectionnes, un cahier de coloriage, des crayons, ton livre favori. J'annonce la couleur à l'hôtesse qui, de fait, est aux petits soins pour nous. Elle a quelque peu perdu son sourire professionnel lorsque je lui ai parlé d'autisme, son empressement est teinté de fébrilité. Elle nous apporte rapidement une pile d'objets promotionnels à destination des enfants, qui ne t'intéressent guère. Craint-elle des débordements ? C'est terrible, mais je préviens maintenant systématiquement le personnel navigant et les voisins proches, afin d'éviter les conflits inutiles, les remarques agressives qui, malgré les années, m'affectent toujours. Tu te balades donc avec cette pancarte invisible que je te colle : « Soyez cool, je suis autiste. » Cela m'énerve, car je me rappelle ces injonctions de la psychiatre du CMPP qui, pour échapper à la question du diagnostic, m'affirmait qu'il ne fallait pas attribuer d'étiquette à un enfant. Le monde extérieur m'y contraint. J'ai appris ma leçon des voyages précédents. Cette fois, en train, où, pendant une heure et demie, tu te lèves et tu te rassois en boucle. Et puis tu pousses des cris. J'en ai des suées de te contenir, de t'intimer le silence. Une jeune femme m'agresse :

« Il est pénible, votre enfant ! Le bruit me fatigue !

– Veuillez excusez mon fils, il est autiste.

– Pour le confort de tous, avec ce genre d'enfant, on voyage à l'écart, en compartiment fermé… »

Ce jour-là, je n'ai pas trouvé le courage de répondre. Je suis allée m'asseoir plus loin. Plus récemment, nous avons fait un aller-retour à Paris dans la journée pour voir la pédopsychiatre parisienne qui te suit désormais. Une journée dense, intense pour toi. Depuis que nous sommes entrés dans l'ABA, tu dois travailler quotidiennement. Nous mettons donc à profit le temps qui nous est donné dans le compartiment où nous restons seuls à l'aller : lecture, vocabulaire, mémorisation. Nous enchaînons le rendez-vous près des Champs-Élysées, un repas au restaurant, où tu te tiens bien, puis une visite au museum d'Histoire naturelle, pour mettre à profit cette journée parisienne. La ville est un foyer de surstimulations, une zone de contraintes permanentes. Nous prenons le train du retour, enfin. Je suis très fière de toi, car tu t'es bien comporté dans toutes les étapes. Il y a peu de monde dans le wagon, un mercredi soir. Mais tu ne tiens plus en place, et je suis épuisée. Alors, les dernières quarante minutes de trajet, je te lâche, concrètement, c'est-à-dire que je ne te maintiens plus de force à ta place assise. Tu te postes dans le sas intermédiaire entre deux wagons, et là, tu mets en place un rituel qui te permet de soulager la charge d'émotion accumulée : tu presses le bouton tout en poussant un cri aigu qui rappelle un signal d'alarme, et en imitant le bruit de la décompression qui permet d'ouvrir les portes. À un rythme régulier, toutes les minutes. Tu es particulièrement doué, Paul, pour imiter les bruits. Cela avait marqué l'orthophoniste du CMPP la première fois qu'elle t'avait entendu simuler le fracas du tonnerre alors que tu ne parlais pas encore. Là, dans ce train, c'est un peu pénible, j'en conviens, même si le bruit est atténué par la porte qui nous sépare du sas. Un monsieur m'interpelle. La cravate est grise, le costume est gris, le visage aussi : « Vous ne pouvez pas lui dire d'arrêter ? Marre de ces gosses mal élevés ! » Le ton aurait été autre, je ne me serais probablement pas énervée. Le procès de mauvaise éducation me fait bondir aussi. Une fois de plus, une fois de trop. J'explose, il a pris pour tous les autres, la cohorte d'intolérants, juges agressifs, détenteurs de la morale et des bonnes manières qui l'ont précédé. Le handicap de Paul est rarement visible au premier coup d'œil, mais, dans ces circonstances, on pouvait très vite saisir qu'il n'avait pas le comportement et la gestuelle d'un enfant typique. Alors, d'un trait, je réplique : « Mon fils est atteint d'un trouble du spectre autistique, les caractéristiques de l'autisme sont entre autres les comportements répétitifs et stéréotypés, les intérêts restreints. Pour mon bonhomme, les moyens de transport. Alors oui, au bout de la vingtième ouverture de porte, c'est chiant, je suis bien placée pour le savoir. Mais cet enfant ne sait pas comment gérer son stress autrement. Vous êtes fatigué ? Moi aussi ! Sauf que, pour vous, ce sera fini dans quelques minutes. Lui et moi, on va vivre avec ça jusqu'à la fin de nos jours. Alors, qu'il gêne un peu votre silence quarante minutes de votre vie, franchement, j'en ai rien à foutre ! » Je lui vomis ma colère, mes frustrations, ma fatigue. Je suis devenue agressive, ce n'est pas moi. Mais il faut développer des trésors de patience avec un enfant autiste. Pour les autres, je n'en ai plus.

Dans le vol Moscou-Oulan-Bator, je constate que tu as grandi, que j'ai eu raison de te faire confiance, mon grand garçon courageux. Le travail effectué en ABA te permet désormais des phases de concentration plus longues. Plus petit, tu ne tenais guère que cinq minutes à une table de travail. Je ne peux nier que l'écran placé devant ton siège a largement contribué au fait que tu restes calme. Dans la sélection de films proposés, un dessin animé que tu adores : *Shawn le mouton*. Tu ris aux éclats, te repassant en boucle les mêmes passages. Je t'ai fait asseoir du côté du hublot, car, si je m'assoupis, il faut que je puisse sentir tes déplacements. Il a juste fallu que je me fâche pour que tu cesses de lever et rabattre le volet de plastique, ou la tablette pour les repas. Je mets sous condition ton accès à l'écran, tu te calmes. Au bout de la rangée, j'ai prévenu notre voisin allemand, pour désamorcer tout conflit. Mais il se montre serein et bienveillant. Je suis soulagée qu'il ne parle pas français, car tu commentes ses faits et gestes. « Le monsieur boit beaucoup de bières, Maman, il a un gros ventre, quand même ! »

Comme tu ne peux effectuer tes rituels habituels du coucher, tu t'endors trois heures à peine avant l'atterrissage. Quel dommage que tu ne puisses profiter du spectacle de la dernière heure de vol ! Le soleil se lève sur les steppes d'Asie centrale. Nous survolons les chaînes montagneuses de l'Altaï, les grands lacs de Sibérie, la steppe qui n'en finit pas, et les vallées où les rivières ressemblent à de petits serpents bleus et brillants au milieu du vert et de l'ocre. Quel vertige d'observer de cette hauteur une part de notre planète, et qui paraît alors vide de toute présence humaine. Je redécouvre avec émotion ces paysages qui m'ont subjuguée il y a si longtemps. J'aimerais partager cela avec toi, mais il faut que tu dormes un peu. Cette première journée sera longue.

Nous sommes bientôt en vue d'Oulan-Bator et je constate aussitôt les changements dont Saran m'a parlé. Lorsque le Tupolev de mes 20 ans avait amorcé sa descente vers l'aéroport Genghis Khan, la tour de contrôle paraissait posée là sur une colline, au cœur de nulle part. Aujourd'hui, la capitale mongole s'est tellement étendue que partout on peut voir des habitations. Le tourisme s'est considérablement accru. Si bien qu'un autre aéroport international doit ouvrir en 2018.

Je te réveille, tout doucement. « Ça y est, Paul, nous arrivons en Mongolie. » Tu me regardes, hagard, puis tu m'offres ce merveilleux sourire. Nous sommes à huit mille kilomètres de chez nous, et tout simplement tu me souris. Puis pragmatique, toujours : « Je ne me suis pas brossé les dents, Maman. »

L'attente au passage de la douane tempère quelque peu notre excitation. En plein décalage horaire, tu ne t'agites pas, mais tu t'inquiètes de pouvoir récupérer tes affaires. J'ai hâte, quant à moi, de retrouver Saran, qui est arrivée la veille. Tu t'assois finalement, épuisé, sur le chariot qui a recueilli nos deux gros sacs. Pas de mauvaise surprise, tout est là, intact. Nous zigzaguons dans le fourmillement du hall d'accueil, puis nous apercevons enfin Saran, élégante, apprêtée, vêtue d'une très jolie robe traditionnelle. Nos regards se trouvent, et elle s'approche de nous, tout sourire, les deux bras tendus. Mon amie nous accueille, Paul, entourant tes épaules d'un *khadag* en signe de bienvenue. Cette écharpe de soie bleue symbolise la bénédiction et la bonne chance pour celui qui la reçoit. Traditionnellement, les Mongols la présentent au début de toutes les cérémonies honorifiques. Saran nous plonge immédiatement dans sa culture et te montre, par ce geste touchant, que tu es un hôte de marque en son pays. Tu poses ainsi fièrement pour une première photo en terre mongole, devant les portes de l'aéroport, ceint de ton écharpe bleue.

Une double interprétation me vient aussitôt à l'esprit : le bleu est la couleur symbole de l'autisme. À l'occasion de la journée mondiale de sensibilisation, le 2 avril, beaucoup d'actions sont organisées partout dans le monde avec le bleu à l'honneur. À l'origine, c'est l'association Autism Speaks, une organisation américaine, qui a lancé l'opération *Light it up Blue*, « Éclairez en bleu » des monuments symboliques, des complexes sportifs, des salles de concerts, des musées... pour sensibiliser. Clin d'œil, donc, qui m'amuse. Tes frères, toi et moi portons toujours du bleu chaque 2 avril.

L'aéroport est à une vingtaine de kilomètres du centre-ville. Nous nous engouffrons dans un taxi, pour ton plus grand plaisir. C'est fou, tout de même, cette obsession des transports ! Nous foulons du pied une terre inconnue, et toi, tu es ravi de monter dans une voiture. Il fut un temps où, pour te satisfaire, je t'emmenais faire un tour en RER, ton attraction favorite – tu détestais alors les manèges. À l'arrière de ce taxi, un modèle coréen, première réaction de surprise : le volant est à gauche, bien que l'on conduise à droite en Mongolie. Tu t'étonnes ensuite : nous ne pouvons pas attacher les ceintures de sécurité, il n'y a pas l'accroche de verrouillage. Les sangles ne sont là qu'à titre décoratif.

« Pourquoi la ceinture ne s'attache pas, Maman ?…

– Euh, parce que les Mongols conduisent très bien et ont rarement des accidents. »

Silence. Tu tiens donc la ceinture à la main autour de ta taille pendant tout le trajet, un peu raide parce que tu respectes généralement à la lettre les consignes de sécurité.

Malgré la fatigue du voyage, tu restes bien éveillé, et nous accédons à la capitale, lovée au creux de vastes collines dans la vallée de la rivière Tuul. Oulan-Bator a tellement changé ! La ville s'étend d'est en ouest, traversée par un axe routier central. Je ne reconnais plus rien, si ce n'est ce repère qu'est l'immense place Sükhbaatar (le « héros rouge ») au cœur de l'agglomération. Les habitations ont gagné les collines environnantes. Une circulation dense encombre les rues, et partout émergent de hautes tours. Le vieux monde côtoie le nouveau, buildings rutilants, multitudes de commerces, dont certains encore en tôle, et centres commerciaux flambant neufs affichant des publicités Louis Vuitton.

Des quartiers de yourtes révèlent la paupérisation qu'a subie la population mongole par suite du passage à l'économie de marché. Lors de mon premier séjour, la périphérie de la ville ressemblait à un champ de bataille. Des usines délabrées avec de hautes cheminées semblaient à l'abandon, de vastes artères poussiéreuses en bitume défoncé étaient bordées d'immeubles de pure facture soviétique. Oulan-Bator comptait environ 650 000 habitants, un tiers de la population. Ce chiffre a doublé, bouleversé par l'exode rural massif des nomades venus des steppes. Paul est absorbé par la circulation. La Mongolie est un pays en pleine croissance économique, et la conséquence visible en est la multiplication des véhicules. Ce qui fait qu'elle détient le triste record de la deuxième ville la plus polluée au monde selon l'OMS.

Pour accéder au bas d'un groupement d'immeubles, le taxi monte une petite route dans un nuage de poussière. Des enfants s'arrêtent de jouer et nous observent, le sourire aux lèvres. Tu repères tout de suite le terrain de foot grillagé et l'aire de jeux qui séparent deux immeubles. Plus tard, Paul, oui, tu pourras aller jouer.

Nous y sommes : je vais revoir Delgue, la maman de Saran, une femme douce, belle et forte. Elle nous accueille avec toute la chaleur et la gentillesse de l'hospitalité mongole. Nous nous déchaussons – telle est la coutume – pour pénétrer dans l'appartement. Elle t'embrasse, et tu décides aussitôt de l'appeler *Émé*, « Grand-Mère » en mongol. Pour être sûr que c'est un mot compris de tous, que tu maîtrises sa prononciation, tu le répètes : Émé, Émé, Émé… J'imagine également que la présence, la protection de cette grand-mère, sont rassurantes pour toi, alors que tu es si loin de la tienne. Ma maman, ta grand-mère, fait partie de ces personnes qui t'entourent au quotidien et te prodiguent tendresse et encouragements.

Delgue t'avait rencontré à Paris il y a quelques années, elle te trouve tellement grandi, souriant. J'aime qu'on me le répète. Je l'oublie parfois à te côtoyer chaque jour : oui, tu grandis, tu es beau, et tu sembles épanoui. Puis elle se tourne vers moi, m'observe attentivement, prend mon visage entre ses mains. Elle en caresse les contours et dit à sa fille que j'ai changé. Je ne suis plus la jeune fille insouciante qu'elle a connue. Elle décèle dans mon visage la marque des épreuves. Elle formule le souhait que ce séjour en efface un peu les traces. Que je me régénère, pour continuer ma route…

5
GOBI EXPRESS

Lorsque Saran et moi avons évoqué les itinéraires possibles, pour préparer le voyage, elle m'avait fait part de son envie de nous emmener dans le désert de Gobi, ne serait-ce que quelques jours. Je tiens quant à moi à découvrir avec toi le lac Khövsgöl. C'est la région des éleveurs de rennes, au nord. Tout me fait rêver, mais il a fallu être pragmatique. Et souple. Je ne peux présager de ton endurance physique, nerveuse. Nous naviguerons à vue.

Sur ce territoire vaste comme trois fois la France, nous convenons qu'il sera plus raisonnable de se fixer un axe nord-sud, de la frontière russe à la frontière chinoise, plutôt qu'est-ouest. J'aimerais tant admirer les sommets enneigés de l'Altaï, aller à la rencontre des Kazakhs, minorité musulmane des confins occidentaux, observer le dressage des aigles majestueux pour la chasse…

Mais il faut compter presque six jours de voiture pour rejoindre cette province, ou bien prendre un vol intérieur, qui ne rentre pas dans mon budget. Un jour, peut-être, je reviendrai.

Quelques heures après notre arrivée, nous prenons place dans la Jeep de Bayar, un cousin de Saran, en direction de la ville de Saïnshand, à l'extrême est du désert de Gobi. Nous y dormirons pour voir le lever du soleil sur le site de Khamaryn Khiid, un monastère bouddhique, haut lieu de concentration d'énergie spirituelle pour les Mongols. Saran veut accomplir ce « pèlerinage » avec sa fille, sa nièce, Paul et moi. Un sas de décompression pour débuter l'aventure. Une étape nécessaire, selon elle, pour que j'entame un voyage intérieur qui pourrait m'être bénéfique. Je comprends ce dont elle parle. En théorie.

Si bien des aventuriers et des écrivains s'accordent sur les bienfaits du désert dans une quête spirituelle, je me souviens surtout des écrits de Saint-Exupéry, *Lettre à un otage*. À l'origine un courrier que l'aviateur en exil adressait à son ami Léon Werth, réfugié dans le Jura pendant la guerre. Mais Saint-Ex le remania plus tard. Le deuxième chapitre évoque son expérience dans le Sahara. Des histoires de désert, de silence, de solitude, mais aussi d'étoiles et de forces de l'esprit, qui rappellent l'univers du *Petit Prince*. « Certes, le Sahara n'offre à perte de vue qu'un sable uniforme. [...] Et cependant, d'invisibles divinités lui bâtissent un réseau de directions, de pentes et de signes, une musculature secrète et vivante. Il n'y a plus d'uniformité. Tout s'oriente [...] dans le désert, on est bien contraint de reconnaître, puisque la vie intérieure, loin de s'y endormir, s'y fortifie, que l'homme est animé d'abord par des sollicitations invisibles. L'homme est gouverné par l'Esprit. »

Paul, mon petit prince, partons donc à la rencontre des sollicitations invisibles !

Dans la Jeep de Bayar, très confortable en comparaison des camionnettes russes que nous avions utilisées il y a vingt ans (d'autant qu'à l'époque une pénurie de pétrole nous avait contraints à voyager avec des barils de réserve), je t'observe, Paul. Tu as tant de points communs avec ce personnage qui a bercé mon enfance et mon adolescence, le Petit Prince : la poésie, la douceur, l'innocence, l'étrangeté aussi. D'une certaine manière, tu es d'une autre planète, mais tu incarnes la leçon de vie fondamentale transmise par le renard à l'enfant : on ne voit bien qu'avec le cœur, l'essentiel est invisible pour les yeux. Ton monde intérieur m'est toutefois si souvent inaccessible. J'en suis réduite à des conjectures.

L'espoir est là d'en découvrir un peu plus sur toi. Un peu plus sur moi ?

Il est étonnant de constater à quel point le réseau routier s'est développé. Plus de pistes, mais une belle route bitumée en direction de la Chine. Avantages et inconvénients, j'y reviendrai. Ce qui demeure incroyable, c'est qu'il suffit de faire quelques kilomètres en sortant d'Oulan-Bator pour se retrouver dans la steppe. Où que porte mon regard, pas de limite. « Vertige horizontal », comme l'écrit si bien Sylvain Tesson. Vertige que tu ne sembles éprouver, Paul, car, comme de coutume, tu t'attaches à des points de détails sur la route – un chien errant, un modèle de voiture que tu reconnais, un sac plastique poussé par le vent, la voie ferroviaire que nous suivons en parallèle. Tu as du mal à embrasser du regard l'ensemble du paysage.

J'admire quant à moi, mais je reste attentive à toutes tes réactions. Très vite, une évidence s'impose. En montant le projet, j'avais en tête l'idée de filmer notre aventure, pour en garder une trace et offrir quelque chose en retour à tous ceux qui nous ont aidés. J'avais même l'ambition de réaliser un court film de sensibilisation. J'ai transporté tout un matériel, dont je ne maîtrise pas très bien l'utilisation par ailleurs. Mais il me sera impossible de vivre l'instant présent, d'en profiter pleinement avec toi, si j'ai en permanence une caméra vissée à l'œil. Je vais faire des images, un peu, mais ce n'est pas le plus important. Pas de filtre. Absorber l'émotion brute. Je trouve si ridicule cette dérive qui consiste à filmer tout, tout le temps. Je vais plutôt écrire. Le soir, au calme, après nos découvertes.

Nous prenons donc cette route unique asphaltée qui mène vers le sud, avec l'horizon pour seule frontière. On zigzague quand même un peu : nids-de-poule, ornières – la route souffre, amplitude thermique oblige. Nous sommes dans la région de tous les superlatifs : *plus grand* désert d'Asie, avec la *plus faible* densité d'habitants, qui connaît la *plus grande* amplitude thermique. Le climat du Gobi présente des variations spectaculaires selon la saison : torride en été, il est glacial en hiver, ce qui en fait le désert le plus froid au monde après l'Antarctique.

La linéarité de notre parcours est surtout empêchée par les moutons, chèvres, chevaux et, plus au sud, chameaux, qui nous forcent à ralentir et à les éviter. L'homme s'adapte, pas l'animal, qui va où bon lui semble. Ce sont les seuls feux rouges des Mongols, nous dit Saran dans un sourire. Et puis ils incarnent la vie encore présente dans ces terres stériles. Les couleurs se déclinent en sable ou ocre, sous le bleu lumineux du ciel. Aux antipodes de nos champs samariens, jolie mosaïque de teintes variées, maïs, colza ou lin. Ici, les taches vertes se clairsèment au fil des kilomètres. Nous pénétrons dans le désert.

Comme toujours quand nous roulons, tu es absorbé. Et, parfois, ces réactions de surprise que je savoure : « Oh, Maman, un chameau sur la route ! » Tel un mirage sur une ligne droite, au milieu de l'immensité, dans les vapeurs de chaleur dégagées par l'asphalte, passe un placide animal. Ses bosses dessinent deux montagnes à l'horizon. Nous nous arrêtons pour prendre le temps de l'observer. Un mâle gigantesque, mais dont quelques folles mèches de laine épaisse viennent accrocher les longs cils qui ourlent un regard doux. Il nous adresse une moue dubitative, puis poursuit tranquillement sa route à la suite de ses congénères. Vers où ? Pas de signe de présence humaine à proximité… Les chameaux de Bactriane, animaux emblématiques de cette immensité désertique, sont l'une des espèces les plus précieuses pour les nomades. Ils sont utilisés pour le transport, leur lait, la laine et, en dernier recours, leur viande. Ils peuvent voyager sur une longue distance sans eau ni nourriture. Saran m'explique qu'ils survivent facilement une semaine sans boire !

Tu voudrais le toucher, monter sur son dos. Je te retiens, car je ne sais quelles peuvent être les réactions de cet animal semi-sauvage. J'aurais envie moi aussi d'effleurer son pelage. Le chameau du Gobi est mondialement réputé pour la finesse de sa toison laineuse, dont on fait un cachemire de grande qualité.

Les plateaux rocailleux que nous traversons ont largement subi les effets du *dzud*, hiver anormalement rigoureux avec une neige abondante, et la population animale a par conséquent fortement décru. On ne compte plus aujourd'hui que 200 000 à 300 000 têtes, contre plus du double il y a vingt ans. Et ne subsistent que quelques centaines de chameaux à l'état sauvage, menacés d'extinction.

Cette rencontre est à la fois ordinaire et précieuse dans ce paysage lunaire et qui te renvoie, Paul, à un souvenir récent. Pour préparer notre voyage, nous avons visionné des films, dont *L'Histoire du chameau qui pleure*, de Byambasuren Davaa et Luigi Falorni. Un été, dans le Gobi, une famille de nomades aide les chamelles du troupeau à mettre bas. L'une d'elles y parvient difficilement. Dès la naissance, elle se désintéresse de son bébé et lui refuse son lait. On fait alors venir un musicien, joueur de morin khuur, la vièle-cheval, pour émouvoir la chamelle et la réconcilier avec son chamelon… Rituel ancestral des peuples nomades de Mongolie. Le prétexte est ainsi tout trouvé pour narrer le quotidien de ces familles, qui s'affairent à leurs activités avec calme et bonhomie. Le film prend des aspects de documentaire et t'a permis de te familiariser avec les paysages et les coutumes, d'entendre quelques mots. Mais tu as surtout été sensible à l'histoire de cet animal, ému aux larmes par la musique.

En cherchant des informations et des critiques sur ce film, j'avais découvert qu'il est utilisé dans les thérapies familiales par certains psychanalystes, notamment les thérapies mère-enfant. Cela me revient. Mon plaisir est gâché. Je n'ai pas envie de penser à ça, pas ici, pas maintenant. Mais force est de constater que j'ai peut-être été affectée plus que je ne pensais par cette charge culpabilisatrice au fil de ton parcours. L'histoire de la mère indigne qui aime mal son enfant… Toi, tu te souviens juste que tu avais trouvé le film simplement beau.

« Les chameaux, ça pleure aussi, Maman. » Je savoure la moindre de tes phrases, et je mesure ma chance : tu es devenu verbal, à 4 ans, tu étais inintelligible. Les premières phrases avec « je » sont venues à l'approche de tes 6 ans. Je sais aujourd'hui que les autistes non verbaux communiquent à leur façon. Que des méthodes existent pour développer cette communication par l'utilisation de pictogrammes, notamment PECS ou Makaton. Tes premières phrases ont d'ailleurs été guidées par cette succession d'images. Je – m'appelle – Paul – je veux – jouer – au ballon.

Je repense à ces moments de désespoir, où je me disais que les seuls échanges avec toi, mon fils, se limiteraient à l'expression de tes besoins vitaux. Boire, manger, déféquer… Tu as été propre assez tôt, vers 4 ans. Une chance de plus. Les enfants autistes qui n'accèdent pas à la propreté sont encore plus empêchés que les autres. On conçoit naturellement la souffrance que cela peut être pour leurs parents, et pour eux-mêmes. L'acquisition de cette autonomie pour son fils Rowan représentait l'un des défis de Rupert Isaacson lors de son voyage en Mongolie. Et il témoigne, dans *L'Enfant Cheval*, que le défi fut remporté à la suite du voyage. Enfin, là, dans l'instant de cette rencontre avec le chameau, oui, je savoure ta capacité à partager ta surprise, un souvenir, une émotion.

Nous approchons de Saïnshand, capitale de l'aïmag[1] du Dorgonov, traversée par la ligne ferroviaire Pékin-Oulan-Bator. Un autre rêve aurait

1. Une région administrative.

été de t'emmener jusqu'ici par le Transsibérien. Rêvons pour l'avenir. Rien n'est impossible. Notre route vers la ville-étape est coupée par un train de marchandises, de longues minutes qui te comblent. Des mètres de wagons, qui parcourent le désert vers la Chine. Je ne parviens véritablement à en évaluer la longueur, mais le temps se suspend. De quoi rêves-tu alors ? De monter dedans ? D'aller voir plus loin encore les limites du monde ? Ou, plus prosaïquement, te livres-tu à ce plaisir rituel d'observation d'objets qui roulent ?... Je n'aurais pas imaginé trouver de la poésie à regarder un train. Impression fugitive de partager un peu ton univers.

Lorsqu'on évoque le désert, on s'imagine une vaste étendue de sable, toi le premier. La particularité du Gobi tient, justement, à ce que seulement 5 % de son territoire est constitué de sable, le reste de sa surface étant formé d'une succession de dépressions rocheuses – sens du mot *gobi* en mongol. J'aimerais que tu entendes chanter les magnifiques dunes de Khongoryn Els, mais elles se situent beaucoup plus à l'ouest, dans des contrées isolées et inhospitalières. Dans cette province du Gobi Est où nous nous trouvons, peu de relief, l'immensité rude et désolée.

Nous trouvons un petit hôtel confortable, perché sur l'unique colline qui coupe la ville en son milieu. La chaleur nous écrase en cette fin d'après-midi. Les températures ne permettent pas de bivouaquer ici. Un vent puissant balaie le paysage sans limites. Mythique désert de Gobi, vaste étendue à l'étrange beauté. Marco Polo, parti à la découverte des merveilles du monde, a traversé ces zones arides pour dessiner la route de la Soie de l'Europe jusqu'à la Chine. La description qu'il en fait, en 1275, montre à quel point il redoutait ce territoire hostile : « Sachez qu'il s'agit, paraît-il, d'un désert si grand qu'il faut un an pour aller d'une extrémité à l'autre. Au point de sa plus petite largeur, la traversée dure un mois. Le désert est tout en montagnes et en plaines de sable, et il ne s'y trouve rien à manger. » Je suis toujours sidérée de voir que des hommes parviennent à vivre ici. La ville de Saïnshand bénéficie de l'approvisionnement par la ligne de train qui la relie à Oulan-Bator, mais plus loin… Je tente d'imaginer le quotidien sous la yourte d'un gardien de troupeaux. Tellement loin du nôtre, de notre confort, de nos facilités de consommation qui nous font perdre le sens des priorités.

Tu l'as, toi, Paul, le sens des priorités. « J'ai faim, Maman ! » Le repas sera bientôt prêt, on nous prépare un *tsuivan*, un plat de pâtes cuites à la vapeur avec des carottes, des pommes de terre et des morceaux de mouton. Tu es rassuré, nous pouvons assister à un spectaculaire coucher de soleil. Sur un promontoire qui domine le désert, tu regardes l'énorme boule rouge qui embrase le ciel et la terre nue. La lumière t'inonde. Tu étends les bras, face au vent violent, face à cette immensité. Les yeux fermés, tu sembles te laisser aller à une expérience sensorielle. Tu résistes aux éléments, le vent agite tes boucles d'enfant qui deviennent flamboyantes sous le soleil couchant. La lumière semble finalement émaner de toi. Alors je t'imite. Ouvrons nos ailes, laissons-nous laver par le souffle puissant devant un paysage qui n'a pas de frontières visibles. Libres.

Dans cet hôtel de steppes, Saran et moi célébrons le début de l'aventure en dégustant une bière du Gobi, couleur d'or. Je me délecte du contact de la mousse sur mes lèvres, de l'amertume et de la fraîcheur sur ma langue. Toi, tu cours de table en table, mais nous sommes quasiment seuls dans cette salle, tu ne gênes personne, il n'y a pas de danger ; alors je me détends. Voilà des moments dont j'ai infiniment besoin ; les soirées au restaurant se sont tellement restreintes, ces dernières années, et elles sont rarement synonymes de plaisir.

Après le dîner que tu as expédié comme à ton habitude, nous regagnons la chambre que nous partageons tous les deux. J'ai hâte de te retrouver dans cette intimité, côte à côte dans une chambre d'hôtel, au cœur du désert de Gobi, à des kilomètres de notre foyer. Je questionne, inquiète :

« Tu es content, Paul ? Qu'as-tu aimé ?

– Le train, le vent, les chameaux, les pâtes. »

Moi aussi, je suis heureuse de partager cela avec toi. Nous nous réveillons avant l'aurore, sans réelle difficulté, car notre corps ne s'est pas encore habitué au décalage horaire.

À quelque quarante-cinq kilomètres au sud de Saïnshand, sur les flancs de la montagne Sharil, se trouve le Khamaryn Khiid, le « monastère du contrefort ». Après une heure de route, nous voyons darder les premiers rayons du soleil qui enflamment le désert. Nous errons, seuls au monde, entre deux petits temples cérémoniels et plusieurs monuments religieux. Le vent souffle toujours, soulevant des volutes de poussière. Des rais viennent progressivement illuminer les motifs colorés des façades. Partout, des rubans de soie bleue marquent le passage des pèlerins. Il est difficile d'imaginer ce que Saran me raconte : le monastère Khamar était un endroit parfaitement harmonieux, qui regorgeait de vie. À son apogée, il était composé de quatre sections principales comprenant quatre collèges, quatre-vingts temples, avec une population résidente de plus de cinq cents lamas. Le temple principal était un superbe bâtiment de deux étages – complètement détruit par l'armée en 1938, au cours des purges religieuses qui ont sévi en Mongolie. Une rivière, aujourd'hui asséchée, bordait sa partie sud de nombreux arbres, et les montagnes environnantes étaient creusées de dizaines de grottes. Les moines y auraient pratiqué des exercices de yoga et de méditation dans l'isolement pendant cent huit jours d'affilée, durcissant ainsi leur corps tout en renforçant leurs forces spirituelles.

Le site a été construit autour du culte de Danzan Ravjaa, un moine rebelle du XIXe siècle. Virulent critique de la société dans laquelle il vivait, Danzan Ravjaa luttait contre les distinctions de classes et de sexes, rigides à son époque. Il a consacré sa vie à la cause de l'enseignement, dont il faisait la promotion au monastère à travers la création d'une école publique, un théâtre, un musée et une bibliothèque. Beaucoup de Mongols le considèrent comme un dieu vivant, et je lis avec intérêt dans mon guide qu'on prétend qu'il pouvait transformer l'eau en whisky ! Un homme inspirant…

Le rapport à la culture et aux traditions a une importance primordiale dans la société mongole. Cela me laisse rêveuse d'apprendre que, dès les années 1830, le collège du monastère offrait une formation de base et une éducation artistique aux enfants de la région qui, souvent, sont devenus chanteurs et danseurs, musiciens, peintres, ou encore sculpteurs. Là, dans le désert. J'aimerais que cela soit le cas en France, qui souffre tant d'inégalités sur son territoire et selon la classe sociale. Les enfants autistes sont aussi privés de cet accès à la culture, faute d'un enseignement artistique adapté.

Deux kilomètres plus loin, nous gagnons le Shambala, l'un des sites les plus sacrés pour les bouddhistes. Selon la légende tibétaine, le Shambala est un royaume situé en Asie centrale, mais dont l'emplacement précis reste inconnu. Un lieu paisible, où tous les habitants pourraient vivre dans la joie et l'harmonie. Je pense : belle utopie ! Puis je me sermonne de ce cynisme que je déteste et que je ne veux pas cultiver. Les Mongols pensent que la porte d'entrée de ce royaume chimérique se trouve ici, à proximité du monastère de Khamar. L'endroit est donc devenu un lieu de pèlerinage populaire, et attire des croyants du monde entier. Ils viennent se ressourcer, méditer, ou encore se soigner grâce à l'énergie particulière qu'ils attribuent à la terre. D'ailleurs, on appelle aussi cet endroit le « centre d'énergie ».

Avant d'accéder au site, les inévitables « marchands du temple » vendent toutes sortes de breloques, bracelets, chapelets, des offrandes sur de petites tables en bois. Le marché de la spiritualité... C'est là que tu te mets à courir, Paul, au milieu des pèlerins en procession qui psalmodient leurs premières prières. Je dois accélérer le pas pour te suivre. Pourtant, indéniablement, le site, ceint d'un paysage plus martien que lunaire, successions de collines ocre, entouré de cent huit stupas[1] à la blancheur immaculée, invite au calme et à l'introspection.

Deux yeux gigantesques peints de couleurs vives ornent la façade du premier temple. Tu restes immobile, dubitatif, quelques instants devant ce regard mystérieux. Le troisième œil également symbolisé semble te scruter. L'« œil intérieur » ou « œil de l'âme », une métaphore désignant, au-delà des yeux physiques, un troisième regard, celui de la connaissance de soi. Que sais-tu de toi-même, mon fils ? Que voit-on

1. Des hémisphères compacts revêtus de pierres, ou des tours pleines plus ou moins élancées, à faîtes convexes, richement décorés ou présentant des parois nues simplement peintes. Ce sont les monuments bouddhistes par excellence.

de toi ? Ce sont des questions récurrentes depuis le début de notre voyage.

Le parcours au sein du Shambala est soumis à un rituel strict. Rituel strict – voilà une belle contradiction pour toi qui vas d'un *ovoo*[1] à un temple en courant. Comme un personnage de dessin animé qui disparaît pour réapparaître en quelques secondes à un autre endroit. Personne ne t'en fait le reproche, mais il me semble toujours que plus un lieu comporte de contraintes, plus tu es agité, et il est important pour moi que tu prennes conscience du respect dû aux lieux de culte. Mission difficile même si tu te montres sensible au fait que les gens peuvent aussi prier pour leurs morts.

« Je peux penser à Dadoune ?

– Si tu veux, Paul. »

Alors tu prends un air pénétré et, par mimétisme, tu joins les mains sur ton front, comme les pèlerins imprégnés dans leur prière, mais on est loin de la zenitude induite par le lieu. Cela ne dure que quelques secondes, puis tu repars dans ta course folle.

L'un des gestes rituels consiste aussi à faire acte de contrition, écrire ses mauvaises pensées sur un

1. Amoncellement de pierres et offrandes d'origine chamanique.

papier, et le brûler sur l'un des ovoos. Toi, tu es l'innocence même. Que pourrais-tu bien écrire ? Me concernant, cela prendrait trop de temps...

On se représente aussi le désert silencieux, ce qu'écrivait Saint-Exupéry sur le Sahara. Pourtant, il règne ici une étrange musique. Le vent semble porter une longue plainte. Au terme du chemin à parcourir, de petits drapeaux multicolores entourent un dernier stupa face au désert. Sur ces drapeaux sont inscrits des mantras, les prières et les textes sacrés emportés par les bourrasques. Des pensées secrètes, des vœux intimes, des mots d'amour que je me plais à imaginer, volant vers l'horizon. Les pèlerins se groupent autour d'un moine drapé dans une robe pourpre. Ils entonnent quelques chants sacrés, allument des bâtons d'encens dont le parfum âcre te fait fuir. Deux aigles tournoient, décrivant de larges cercles dans l'azur aveuglant. Tu enserres de tes bras et tu caresses un majestueux lion de pierre, gardien de l'entrée du désert vers lequel notre regard se perd.

Je pense à ta sensorialité particulière. Encore une spécificité de l'autisme aux manifestations hétérogènes. On pense souvent qu'il est impossible de toucher les autistes. C'est vrai pour certains, pas pour tous. Toi, c'est tout l'inverse : ton côté tactile déroute parfois. Je me souviens d'une des premières fêtes d'anniversaire à laquelle tu avais été invité. Tu t'étais précipité vers le papa, qui avait le crâne rasé, tu t'étais assis sur ses genoux et lui avais longuement caressé la tête, sans dire un mot. Une autre fois, un ami, qui n'est pas très démonstratif et qui te connaissait à peine, avait été gêné que tu lui tiennes la main une partie de l'après-midi. Tu touches souvent le visage et les cheveux de tes copains de classe, pour leur prouver ton affection. Plus petit, tu ne distinguais pas le froid du chaud. Tu détestes les tissus rêches. Certaines odeurs. Des shampoings, des savons liquides que tu vidais intégralement dans la baignoire pour t'en débarrasser.

Les personnes autistes perçoivent, entendent et voient le monde différemment, les informations sensorielles n'étant pas traitées par le cerveau de la même manière, ce qui peut générer des troubles du comportement qui échappe à la compréhension de l'entourage. Des mains plaquées brutalement sur les oreilles révèlent une douleur physique insupportable provoquée par un bruit anodin, un bras qui vient couvrir des yeux signale l'effet d'aveuglement produit par une banale lumière... J'ai, depuis ton diagnostic, appris que tous les sens sont concernés, qu'une personne autiste pourra être soit hypersensible, soit hyposensible à une stimulation, extérieure ou interne. De plus, cette sensibilité peut fluctuer, plus ou moins rapidement, ce qui demande une adaptation constante. J'imagine que cela doit être déroutant, peut-être épuisant, mon Paul.

Nous participons toutefois au rituel final de ce pèlerinage au royaume chimérique du Shambala : s'allonger sur le sol, à même la pierre, pour absorber l'énergie de ce lieu sacré, se reconnecter avec la terre mère. Dans ma tête, j'entends : « Déconnecte, reconnecte… » Déconnecte de tout ce bruit intérieur, des souffrances, des attaches du passé, des enjeux de l'avenir. Déconnecte de ce monde fou qui va trop vite, des sollicitations permanentes, des faux problèmes. Connecte-toi à l'instant présent, à cette nature qui t'entoure. Impossible, c'est trop brutal. Je vis au quotidien une course contre le temps, comme toutes les mères de famille. Mais avec toi, tout s'accélère. Assumer mes obligations professionnelles, la logistique de la maison, être à l'heure aux rendez-vous médicaux, pour les différentes activités, les tiennes, celles de tes frères, les devoirs, le travail en ABA. Le temps qu'il me reste débute lorsque tu t'endors, souvent tard. Alors, m'allonger là, sans rien faire, en essayant de ne penser à rien, sentir mon corps, me laisser aller à l'écoute de mes sensations s'avère être un exercice difficile. Mais cela t'amuse beaucoup, toi. Tu restes un long moment couché face au ciel, même si « les cailloux, ça fait mal ».

Nous finissons notre séjour dans le désert par une courte excursion au paradis des paléontologues. Il n'est pas facile, du haut de la falaise rouge qui surplombe une immense plaine aux rochers de feu, de se figurer le Gobi préhistorique. Voyage dans le temps pour revenir soixante-dix millions d'années en arrière. Cette terre aride devait alors être luxuriante, marécageuse, ponctuée d'oasis, peuplée de créatures disparues de la surface du globe. J'évoque avec toi les terribles tyrannosaures et autres tricératops dont nous avons vu les squelettes au museum d'Histoire naturelle, à Paris – l'une des rares visites qui avaient su capter ton attention. Lecteur depuis peu, tu avais été très fier de pouvoir déchiffrer les noms latins des étiquettes, qui n'avaient par ailleurs strictement aucun sens pour toi. Des ossements enfouis sous le sable ou pétrifiés dans la roche sont encore découverts chaque année dans cette région. L'année précédente, en août 2016, une équipe de scientifiques japonais de l'université d'Okayama, avec la collaboration de l'Institut de paléontologie mongole, a révélé l'existence d'une des plus grandes traces de dinosaure jamais découvertes jusqu'à ce jour. Cette empreinte se trouvait dans une couche géologique datant du crétacé supérieur, entre soixante-dix et quatre-vingt-dix millions d'années avant notre ère ! Voilà pourquoi ce lieu invite à encore plus d'humilité, êtres vaniteux que nous sommes. L'histoire de l'humanité n'est qu'un grain de poussière à cette échelle. Penser passé ou futur n'a guère de sens ici.

Saran nous emmène jusqu'à une roche rouge et plane à laquelle les Mongols attribuent des vertus thérapeutiques. Dans ce monde minéral inodore, nous collons notre corps contre la paroi, étrangement glacée dans l'air torride. Tu sembles apprécier, soulevant ton t-shirt et appuyant ton ventre nu sur la pierre.

« C'est bizarre, Maman !

– Bizarre agréable ou bizarre désagréable ? »

Pas de réponse, tu es déjà reparti escalader des rochers.

Je les pressens, ces fameux bienfaits des séjours dans le désert : lieu de l'introspection, métaphore d'une épreuve dans diverses religions, pour aboutir à une réflexion, une direction nouvelle, environnement propice à l'imaginaire et à l'activité créatrice. L'apôtre Paul passa trois ans dans le désert d'Arabie pour approfondir la nouvelle orientation de sa vie. Nous n'avons pas trois ans devant nous, mon Paul. Quelques jours seulement pour réaliser ce voyage intérieur.

J'ai eu le sentiment, ces dernières années, de vivre une traversée du désert, cette période qui a précédé le diagnostic et le début d'une prise en charge plus adaptée. Une fracture de vie. Mais comme me le disait si joliment un proche, dans le désert, il y a aussi des oasis. Mes amis, ma famille.

Du Gobi, je garde le bénéfice d'une reconnexion avec nos sens. Cette lumière aveuglante, la chaleur sur notre peau, le vent contre lequel notre corps lutte, et le chant sans fin qu'il susurre à nos oreilles; le cri perçant d'un aigle, l'odeur de l'encens, la litanie des croyants dans l'air pur, le contact avec la terre, la pierre, la faim que nous ne pouvons satisfaire dans l'instant, la saveur d'un repas attendu et d'une bière partagée. Et je reconnais les sollicitations invisibles qu'évoquaient Saint-Exupéry. Elles me meuvent depuis si longtemps : le goût de l'humain, le sens de la justice transmis par mon père, l'optimisme, le courage des femmes de ma famille, et l'amour infini comme ce désert que je ressens pour mes trois fils.

Déconnecte, reconnecte, déconnecte, reconnecte, déconnecte, reconnecte... Mon mantra.

6
JOURS DE FÊTE

Nous n'avons pas effectué une traversée du désert, Paul, mais une escale riche de sens, même si je ne suis parvenue à éprouver la sérénité que je recherche. Je constate avec fierté que tu t'adaptes bien à cet environnement inconnu, plein de surprises.

De retour à Oulan-Bator, nous allons célébrer les trois jours de la grande fête nationale, le *naadam*. Le mot signifie « jeux ». Une fête chère aux Mongols, l'occasion de se retrouver en famille et d'assister à des représentations des trois sports nationaux : tir à l'arc, lutte et course de chevaux. Chacun s'apprête, se pare de ses habits cérémoniaux. Dans les restaurants, les foyers, l'effervescence des préparatifs se fait palpable. Des effluves de cuisine envahissent les rues. Un naadam ne pourrait être complet pour un Mongol si ce dernier ne dégustait les fameux beignets frits à la viande de mouton, la spécialité culinaire : les *khuushuur*.

Tu perçois cette agitation festive, et tu t'enthousiasmes. Tu n'aimes rien tant que les grands rassemblements familiaux, les tables pleines de convives et les décors de fête. Tu sautes, tu bats des mains, tu cours de l'un à l'autre, sans jamais vraiment entrer dans une conversation, mais en manifestant ton affection, en multipliant les gestes de tendresse.

Nous avons décidé d'acheter des vêtements traditionnels, pour jouer le jeu jusqu'au bout. En route, donc, pour le marché couvert, qui regorge d'échoppes, débauche visuelle, tactile et olfactive ! Nous déambulons, un peu perdus. De part et d'autre, des cascades de tissus aux couleurs vives, des chapeaux en cuir, feutre ou paille, des bottes ornées de piqûres de couleur et au bout relevé « pour ne pas blesser la terre », des bijoux d'argent sertis de pierres semi-précieuses – corail, turquoises – ou de perles. Odeurs de peaux tannées, de fibres animales. Les allées sont bondées en cette veille de fête, je te tiens fermement la main. Ces lieux particulièrement génèrent de l'angoisse pour moi, car tu pourrais vite échapper à ma vigilance.

Un détail attire ton attention : plusieurs vendeurs se dénudent le ventre en remontant leur t-shirt sur leur poitrine ; j'imagine que c'est pour se rafraîchir un peu. Tu pointes du doigt un ventre rebondi. « On n'a pas le droit, Maman ! » J'ai réussi, il y a quelques mois, grâce à une procédure ABA, à te faire passer l'habitude qui consiste à dévoiler ton ventre en toutes circonstances, notamment lorsque tu marches dans la rue. Cette tendance à répéter les mêmes gestes se nomme « stéréotypie », autre trait autistique. J'ai appris que ces comportements, parfois extrêmement déroutants, ont une utilité. Rassurants, agréables, ils peuvent aussi être un indicateur du niveau de stress. L'idéal serait de ne pas les interdire, mais les stéréotypies peuvent se révéler invalidantes parce que trop envahissantes, et surtout plus ou moins bien acceptées par le regard des autres. Je suis piégée par cette histoire de ventre ! Ce qui pourrait être mal toléré en France se révèle, chez les Mongols, être une habitude tout à fait commune et absolument pas transgressive. Comme quoi, tout est relatif… J'essaie de te l'expliquer, mais tu me regardes avec un air qui semble dire : les adultes racontent vraiment n'importe quoi !

Elles s'enchaînent, tes stéréotypies, mon Paul. Lorsqu'on en fait disparaître une, une autre apparaît. Plus petit, tu pouvais battre des bras frénétiquement, ce qu'on appelle le *flapping*. Tu avais aussi tendance à tourner sur toi-même. Cela s'estompe. En ce moment, il s'agit plutôt d'aller toucher le bout de ton nez avec ta langue, souplesse morphologique qui suscite parfois des jalousies. Ou des moqueries. Alors, de nouveau, j'essaie de limiter, de modérer ce rituel – pour qu'un autre vienne le remplacer. Dénuder son ventre n'est peut-être pas si grave, au fond…

Dans les allées du marché couvert, le choix de notre *deel* de fête nous occupe un moment. Le costume national mongol est constitué de ce vêtement emblématique, d'un chapeau, de bottes, et de divers accessoires. Bien qu'il y ait quelques différences entre les costumes des divers groupes ethniques mongols, tout deel suit le modèle général : c'est une sorte de grand manteau qui se croise sur le devant et s'attache sur le côté et sur l'épaule grâce à des boutons. Une large bande de tissu enroulée plusieurs fois autour de la taille vient compléter cette tenue, portée aussi bien par les hommes que par les femmes. En période de fête, le lé d'étoffe est parfois remplacé par une ceinture de cuir avec une grosse boucle en argent très travaillée.

Ce qui me ravit, c'est la profusion de couleurs vives. Pas d'uniformité, ici, ni d'attribution rigide selon le sexe. J'ai vu des cavaliers nomades arborer fièrement des deels fuchsia ou turquoise.

Dans les échoppes bondées, j'effleure du bout des doigts les tissus précieux, la soie mystérieuse qui a donné son nom à la route caravanière parcourue par Marco Polo au XIIIe siècle. Je t'achète un deel bleu, et un autre vert. Tu jettes un coup d'œil dans un petit miroir, et tu te trouves très beau. Moi aussi, mon fils, moi aussi. Saran essaie un diadème, dont deux longues rangées de perles viennent caresser les contours de son visage. Une véritable princesse des steppes ! Je finis par trouver un deel qui me plaise, un peu plus ajusté, pour les femmes. Je savoure le contact de la soie d'un beau vert profond, illuminée de quelques motifs d'or.

Dernier élément essentiel de la tenue vestimentaire mongole : le chapeau ! Un Mongol ne sort presque jamais tête nue. J'en trouve un en paille finement tressée, serti d'un lien de cuir. Il ne me quittera pas jusqu'à la fin du séjour.

Nous avons la chance d'être invités par Odgo, la sœur cadette de Saran, et son mari Dadji à un grand spectacle de danses et chants traditionnels au théâtre national, sur la grand-place Sükhbaatar. Nous avons revêtu avec satisfaction nos habits tout neufs.

Je porte une robe, je me suis maquillée – j'ai pris pour une fois ce temps que je me consacre de moins en moins. Pourtant, tu accordes une importance particulière à ces signes de féminité, et ta franchise blesse parfois un peu mon amour-propre. « Tu as des cheveux blancs, Maman. On dirait que t'es un petit peu vieille... » Là, tu me jettes un regard admiratif : « Tu es belle comme la reine des Neiges ! »

Très excité, tu insistes pour que ce soit toi qui hèles le taxi, le meilleur moyen de se déplacer en ville, et de loin le plus rapide. Il y a plusieurs compagnies à Oulan-Bator, mais de nombreux particuliers utilisent leur véhicule et s'improvisent chauffeurs. Il suffit de lever la main au passage des voitures pour que plusieurs s'arrêtent. « C'est moi qui fais, c'est moi qui fais ! » Cette phrase revient en boucle les quelque dix minutes de marche qui nous séparent d'une artère principale. Tu agites fébrilement la main au bord de la route, montes, fier de toi, dans une voiture blanche à la carrosserie défraîchie, et tu répètes : « Hein, il est beau le taxi que j'ai choisi, et j'ai choisi un beau chauffeur ! Regarde, Maman, il est beau, mon chauffeur ! » Je souris, mais j'appréhende un peu, car, malgré le caractère unique des prestations auxquelles nous allons assister, je me demande si tu pourras maintenir ton attention le temps du spectacle.

La foule a envahi la place. Des hommes, des femmes, des enfants – beaucoup d'enfants – arborent de larges sourires. Certains défilent en procession. Une mosaïque de soie, de costumes variés et somptueux colore les rues. Nous nous rendons au théâtre national et prenons place au milieu des dignitaires. Je t'ai rappelé les règles en vigueur dans ce genre de lieu : tu ne te lèves pas, tu ne cries pas, tu regardes autour de toi, et tu fais comme les autres. « Oui, Maman. » J'espère aussi que tu te laisseras gagner par l'émotion. Je sais que tu es sensible à la musique.

Le spectacle, grandiose, offre un panel des expressions artistiques mongoles. La musique traditionnelle implique un large éventail d'instruments et utilise la voix humaine comme nulle part ailleurs. Après l'hymne national entonné par un chœur de militaires, main sur la poitrine, les numéros se succèdent : d'abord un « chant long », lent et majestueux, parfois mélancolique, évoque la vie du nomade seul dans la steppe. L'interprète, sans prendre sa respiration et le plus longtemps possible, module son souffle au travers d'un registre très large, allant d'une voix de gorge à une voix de tête. Puis, à l'inverse du chant long, nous écoutons des « chants courts », allègres et joyeux, permettant de représenter l'amour du pays, d'une femme, ou le galop d'un cheval. Ce que j'attends avec le plus d'impatience, parce qu'il m'avait pris aux tripes il y a bien longtemps de cela, c'est le chant diphonique ou *khöömi*, une prouesse vocale envoûtante. L'interprète produit simultanément plusieurs sons bien distincts, l'un continu, profond, à l'aide de la gorge, et d'autres grâce à la langue qui, comme une flûte, module l'air émis par le chanteur. Transportée, j'y perçois les bruits de la nature, le son du vent, de l'eau, le chant des oiseaux… Lorsque je vivais encore à Paris, j'ai hébergé pour un concert un chanteur de khömi, Bayarbatar Daavasuren, et sa famille. Le simple son de sa voix m'avait ramenée au cœur de la steppe, les larmes aux yeux.

Tu te montres très attentif, je te vois jeter des coups d'œil autour de toi et applaudir avec des gestes amples, par mimétisme. À ma grande surprise, les ballets suscitent chez toi le plus de réactions. Tu ouvres des yeux ébahis : « La danse, Maman, c'est beau ! Ça fait comme un cheval. » Dans la chorégraphie, les danseurs se déploient en un vaste demi-cercle, représentant à la fois le corral, où sont acculés les troupeaux de chevaux au moment de la capture, et les spectateurs assistant aux épreuves ; en son centre, les danseurs évoquent, par des acrobaties spectaculaires, des pantomimes, le comportement bondissant des chevaux rétifs et leur capture au lasso. Tu as perçu cela, c'est formidable.

Nous découvrons également, au fil des numéros, les différents instruments de musique – vièle, guimbarde, cithare. Déjà Marco Polo, en visite à Karakorum, l'ancienne capitale impériale, racontait qu'il avait vu dans le palais du grand khan un orchestre de trois cents musiciens, avec des instruments à vents, à percussion et à cordes. Parmi les plus emblématiques, la fameuse morin khuur ou « vièle-cheval », à deux cordes en crin. Une peau d'animal recouvre la caisse de l'instrument en forme de trapèze, et une tête de cheval est sculptée au sommet du long manche de bois. Une cinquantaine de violonistes, tous vêtus du même deel rouge flamboyant, occupe la scène du théâtre, et des cordes amoureusement frottées jaillissent des mélodies en flots galopants.

Pour clore le spectacle, nous écoutons un sublime *magtaal*. C'est un chant de louanges aux tonalités épiques, qui vient de la poésie chamanique mongole. Il est dédié à un lieu sacré, à un animal, ou à une personne. En l'occurrence, le mythique Genghis Khan, figure tutélaire d'une Mongolie conquérante.

Tout, dans ce que nous venons de voir, tend à célébrer une culture ancestrale et son archétype, le pastoralisme nomade. À l'instar du public, tu te lèves et applaudis à tout rompre. L'essentiel du spectacle, que j'ai adoré, se trouve pourtant dans cette image de toi, touché au cœur. L'accès à la culture me pose question depuis longtemps : dois-je m'acharner à t'emmener dans les musées, aux concerts, au théâtre, sachant que la plupart du temps ni toi ni moi n'en profitons ? La réponse sans appel est là. Pourquoi serais-tu privé de ces découvertes, et d'un mode d'expression ? Dans les réformes nécessaires en France, j'espère une ouverture à l'enseignement pour les autistes des arts plastiques, de la musique, de la danse, dans les conservatoires régionaux, notamment. Mais aussi des visites et séances adaptées dans les musées ou au cinéma.

Lorsque nous sortons du théâtre, sur la grand-place, une foule compacte s'est massée devant une immense estrade surmontée d'un écran géant. Dans la liesse populaire, des représentants de différentes provinces, des artistes, patientent pour monter sur scène. Des concours sont retransmis à la télévision nationale : meilleur chanteur, plus beau costume, meilleur joueur de morin khuur. Chacune des quatre ethnies majoritaires – les Khalkhas, les Oïrates, les Bouriates et les Kalmouks – défile dans son costume traditionnel. Exaltation du « patriotisme mongol », des splendeurs de l'empire de Gengis Khan, sous le regard bienveillant de sa statue qui trône à l'extrémité de la place.

Saran a promis de te faire monter sur cette scène, elle affirme que l'expérience est ouverte à tous, que tu le mérites en tant qu'invité d'honneur. J'y suis sensible, mais je reste dubitative lorsqu'elle se présente aux contrôles de sécurité pour accéder aux coulisses. Elle explique au vigile que nous sommes une délégation française, et que nous souhaitons participer. À ma grande surprise, il nous laisse passer, et te voilà donc, mon Paul, attendant ton tour au pied de l'estrade, dans une joyeuse cohue. Tu ne comprends pas très bien, mais tu gravis, confiant, les marches, en donnant la main à Saran et à sa fille Angeline, adorable en robe bleue et coiffée d'un diadème de perles. Médusée, je vous observe paradant sur la grande scène, acclamés parmi d'autres, telles des rocks stars. La maman de Saran nous dira comme elle a été bien surprise de vous voir en direct sur TV25 !

En revenant vers moi, tu croises une belle jeune femme qui porte une coiffe d'époque impériale composée de deux parties, les pendentifs et la perruque. Deux masses de cheveux entremêlées de corail, d'agate, de perles, et autres pierres précieuses encore, qui dessinent de chaque côté de son visage d'imposantes arabesques. Tu t'étonnes : « C'est comme dans *Star Wars* ! » Oui, tu as raison, George Lucas s'est inspiré de la culture mongole pour créer les costumes de la reine Amidala. Et te voilà encore capable de faire du lien avec un souvenir récent…

En te voyant parader sur l'estrade, vêtu de ton habit traditionnel, je n'ai pu m'empêcher de penser à ce jour de carnaval qui a précédé notre voyage. Tu avais eu envie de te déguiser en cavalier mongol pour te rendre à l'école. Tu portais un magnifique deel bleu roi, que j'avais rapporté de mon premier séjour, et des bottes cavalières. Sur ta tête, un *janjin*, le chapeau typique rond surmonté d'une pointe, en velours. Une surveillante nous avait accueillis. Surprise, elle t'avait demandé gentiment quel était ton déguisement. Tu avais alors répondu : « Je suis déguisé en Mongol. » Elle m'avait regardée, l'air consterné, puis avait murmuré à mon intention : « Mais ça ne se fait pas !... » D'accord, elle avait imaginé que je faisais porter à mon fils un costume qui représentait son handicap… J'avais éclaté de rire, et lui avais expliqué.

Il demeure que cette confusion entre les termes « mongol » et « mongolien » me gêne. Elle joue sur un amalgame contre lequel je lutte depuis longtemps, avant même ta naissance. Avec une classe de sixième, j'avais étudié un roman pour la jeunesse, *Mongol*, de Karine Serres. Il raconte l'histoire d'un enfant plus « lent » que les autres et qui, un jour, se fait traiter de « mongol » par un camarade de classe. Il ne comprend pas l'insulte, va déchiffrer le sens du mot dans le dictionnaire, découvre que le terme « mongol » signifie « originaire ou habitant de la Mongolie ». Et l'enfant décide dès lors de se comporter comme tel. Il poursuit ses recherches documentaires sur la culture des nomades, en adopte les codes, le mode de vie, l'alimentation. Il prend confiance en lui et progresse. Belle histoire d'apprentissage de la tolérance, ouverture à une autre culture, qui avait séduit mes collégiens.

« Mongol » est devenu une insulte dans notre vocabulaire, consistant à stigmatiser quelqu'un en le désignant comme trisomique. Et donc ? Il est insultant d'être porteur de trisomie ? De la même façon, les gens qui emploient le mot « autiste » à tout va, pour tout et n'importe quoi – le fameux : « C'est bon, j'ai compris, je ne suis pas autiste » –, m'insupportent. Dieu sait que l'humour nous aide au quotidien à affronter bien des situations. J'ai un besoin viscéral de rire, de légèreté. Des amis m'ont gentiment taquinée lorsque j'ai évoqué l'hypothèse d'organiser, après mon retour de voyage, une « soirée mongole pour les autistes ». L'ambiguïté du titre de ce livre a aussi été soulevée par certains. Je la sais, je l'assume, même si, initialement, elle ne m'avait pas effleurée. Tout le problème est là : ce ne sont pas « que des mots », comme on me l'a rétorqué bien souvent. Ce sont des vecteurs de préjugés.

Le soir, nous dînons avec Tsolmon, la sœur aînée de Saran, et Odgo, la cadette. Autour de leur maman, les trois sœurs réunies ont des prénoms si poétiques : Tsolmonguerel signifie « lumière d'étoile », Saranguerel « lumière de lune », et Odguerel « lumière de l'aube ».

Odgo, la plus jeune, a trois enfants. L'aîné, Ankha, est autiste. Si bien que, étonnant clin d'œil du destin, Saran a été confrontée avant moi à l'autisme. Elle est même l'une des premières amies à avoir évoqué cette hypothèse pour les difficultés de Paul. « Tu ne crois pas que Paul pourrait être autiste ? » m'avait-elle dit un jour en l'observant. Je me souviens de lui en avoir voulu sur le moment, car c'était encore inenvisageable pour moi. Aujourd'hui, je suis reconnaissante de sa franchise, preuve d'une amitié véritable. Elle avait posé une petite pierre de plus sur le chemin de mon acceptation.

Au cours de la soirée, je ne peux m'empêcher d'observer Ankha. Je regarde avec tendresse ce bel adolescent de 14 ans, qui accepte de m'embrasser mais fuit mon regard. Il est quasi mutique même s'il sait parler. Je discute avec Odgo de ses difficultés, je ressens et comprends si bien le désarroi de cette maman : rien ou quasiment n'est prévu en Mongolie pour la prise en charge de l'autisme. Il a été diagnostiqué en Angleterre à l'âge de 5 ans. Revenu, depuis, vivre dans son pays natal, Ankha n'a pu apprendre à lire et à écrire. Quel avenir pour ce jeune garçon si doux et si calme ? Je sais que sa maman n'a pas de réponses. Il est entouré de l'amour infini des siens. Ses parents, ses sœurs, ses tantes, sa grand-mère veillent sur lui. Mais ils sont désemparés de ne savoir comment l'aider. Je le connais tellement, ce sentiment d'impuissance.

La Mongolie commence à pouvoir poser des diagnostics dans les hôpitaux et une association nationale pour l'autisme s'est créée. C'est un début. Odgo semble épuisée. J'ai connu cette très belle jeune femme il y a vingt ans. Belle, elle l'est toujours, mais je les reconnais, ces signes de fatigue. Elle me parle de ses deux filles dont elle doit s'occuper. Je n'insiste pas, je sais qu'elle fait tout ce qu'elle peut. Hiérarchiser…

Toi, tu observes Ankha du coin de l'œil, puis, soudain, tu me dis : « Il est malade parce qu'on ne joue pas avec lui. » Je ne comprends pas ce que tu veux exprimer. Est-ce que tu ressens ses difficultés à communiquer ? Est-ce que tu penses au fait qu'être à l'école ordinaire, avoir des copains t'a, toi, permis de tant progresser ? Je n'en sais rien.

Saran voudrait aider plus sa jeune sœur, elle ne sait comment faire. Mon petit frère me pose aussi souvent cette question : comment puis-je t'aider ? En étant là, à nos côtés. En donnant de l'affection à nos enfants. C'est déjà énorme. Tant de mamans se retrouvent totalement seules.

Le lendemain, c'est la cérémonie d'ouverture du naadam. Un embouteillage monstre s'est créé et freine l'accès au stade national, nous obligeant à finir le trajet à pied en direction de l'autre côté de la ville. Tout Oulan-Bator semble converger vers le même but.

Soudain, on entend un bruit de sabots résonner. Dans la cohue de piétons et de voitures qui tentent de se frayer un chemin, un groupe de cavaliers passe au galop sur l'asphalte, entre les immeubles. C'est surréaliste. Le spectacle se joue aussi aux abords du stade : les Mongols viennent en masse pour déguster des raviolis frits, vendus sous des tentes dressées pour l'occasion, certains jouent aux osselets, d'autres paradent avec leurs chevaux, chantent. Nous accédons difficilement aux gradins.

Après un discours du président de la République, un spectacle digne des jeux Olympiques retrace la grande histoire du pays au son d'une musique de peplum. Des centaines de figurants, des archers, des cavaliers, une procession d'animaux emblématiques du nomadisme se mêlent en un ballet épique au cœur de l'arène. Puis entrent en scène les lutteurs. Ce sport « viril » se pratiquait déjà à l'époque des Huns. Les compétitions dureront trois jours. Dans le public, toutes les générations sont confondues, religieusement attentives. Mais les commentaires et les encouragements vont aussi bon train.

Les champions de lutte sont vénérés en Mongolie. Les concurrents perdent s'ils touchent le terrain avec n'importe quelle partie de leur corps au-dessus des genoux. Vêtus d'un boléro qui ne couvre que le haut du dos, les épaules et les bras, d'une culotte en cuir et d'un chapeau de feutre, ils portent également les bottes traditionnelles richement brodées. Tandis que les lutteurs s'agrippent avec rudesse, tu ne remarques qu'une chose : « Ils sont en slip, Maman ! » Pour se donner force et courage, ils effectuent la danse de l'aigle. Je trouve aériennes, étonnamment gracieuses ces montagnes de muscles imitant le mouvement délicat et puissant des ailes de l'oiseau.

Nous nous échappons assez rapidement, car les gradins sont bondés. On ne peut rester des heures, nous étouffons. Il me semble que tu satures, aujourd'hui. D'humeur sombre, tu ne communiques pas, tu te focalises sur des points de détail, sans prêter aucune attention à ce qui se passe autour de toi. De fait, je le réalise lorsque je te demande, le soir venu, ce que tu as aimé de cette cérémonie grandiose. Tu me réponds « J'ai mangé des chips et bu du soda. » Fin de la conversation. Je suis un peu déçue, mais je sais aussi que je te demande beaucoup. J'espère que tu seras plus réceptif à l'épreuve reine, le lendemain : la course de chevaux.

Elle a lieu à quarante kilomètres à l'ouest de la ville, sur une large plaine appelée Hui Doloon Khutag. Dans le taxi qui nous y emmène, en quittant les faubourgs d'Oulan-Bator, tu observes de grands panneaux publicitaires, l'air inquiet. Tu ouvres ces yeux que j'ai déjà pu observer dans tes moments de panique. Puis tu te tournes vers moi : « Maman, je sais plus lire. » Je ne comprends pas dans la seconde... Du cyrillique ! Moi non plus je ne sais pas lire, ici, Paul. Mon amour, savoir lire a été une telle victoire et fierté pour toi. Un soulagement pour moi, l'espoir ravivé. Un premier gage d'autonomie. Cette incompréhension des signes écrits dans notre environnement mongol devait te travailler depuis l'arrivée. L'aventure de l'acquisition de la lecture a été longue, douloureuse, passionnante. Même si tu resteras hermétique, je crois, aux subtilités de notre langue. J'ai rêvé, pleuré, frémi, fantasmé avec mes lectures. Il a été si difficile pour moi d'accepter que tu ne connaîtras pas ces émotions, les grands auteurs que j'affectionne. J'ai renoncé à l'avenir d'échanges sur la littérature, cette complicité qui m'unissait à mon père.

Avec toi, Paul, je touche du doigt autre chose, mon propre seuil de tolérance. Je croyais être ouverte d'esprit, je croyais être compétente pour t'aider à apprendre à lire. Tu bouscules mes certitudes. Les profs sont généralement d'anciens bons élèves. Nous avons du mal à accepter que l'on explique et que ce ne soit pas compris. Avec toi, j'ai expliqué une fois, dix fois, cent fois, de différentes manières, et cela n'a pas fonctionné. Il y a une part de moi qui a eu tant de mal à accepter d'être en échec. Péché d'orgueil… Mais quel chemin à parcourir ! Tu as vite compris les bénéfices des séances de travail avec David, ton psychologue ABA. Les interventions comportementales t'ont ouvert les portes de la lecture.

Elles te permettent peu à peu de suivre les enseignements en classe, et donc de faire partie de ce qui s'y passe.

Tu n'es qu'un enfant. À l'heure où d'autres profitent innocemment de leur fin de journée, comme j'ai pu le faire à leur âge, comme il est normal de le faire, tu travailles, encore. Je suis admirative de ton courage, mon Paul. Mais as-tu le choix ? Pas vraiment. Tu en as conscience, alors tu fais preuve au quotidien d'une ténacité formidable. Oui, je t'admire, mon fils. Je ne peux entendre les remarques de professeurs qui pensent que les enfants accompagnés d'AVS sont plus « paresseux » que d'autres parce qu'ils sont épaulés. Mais enfin, ils font dix fois plus d'efforts pour s'intégrer, pour comprendre, pour participer. Nos héros...

Dans ce taxi, je tente de t'expliquer que l'alphabet cyrillique diffère du nôtre. J'aurais pu y penser avant. Tu sembles immensément soulagé. Tu n'as pas perdu ton statut de lecteur, le sourire revient.

Au détour d'une colline, nous parvenons enfin près de la ligne d'arrivée. Dans la plaine, des tentes sont dressées. C'est un joyeux tohu-bohu, mêlant hommes, femmes, enfants, chevaux. De beaux cavaliers en costumes de fête fendent la foule.

Contrairement aux courses équestres occidentales, qui sont des courses de vitesse sur une petite distance, les courses mongoles s'apparentent plus à une épreuve d'endurance. Ce sont les enfants, garçons ou filles de 5 à 13 ans, qui concourent. Ils s'entraînent pendant des mois. Les prix sont attribués aux chevaux et aux cavaliers, l'objectif principal des courses étant de tester l'habileté et l'endurance des animaux. Il arrive, paraît-il, que certains franchissent la ligne d'arrivée sans leur cavalier, et que cela ne les disqualifie en rien. J'essaie de t'expliquer cela, à toi qui adores monter à cheval et qui sais galoper depuis peu. « Je peux faire la course, Maman ? » Une fois que tu auras constaté à quelle vitesse les petits jockeys arrivent, tu ne poseras plus la question !

Pour patienter, nous profitons de l'ambiance de liesse et des animations. Un espace a été délimité pour s'initier au tir à l'arc. De petits cylindres en bois servent de cibles, et l'une d'elles est réservée aux enfants. Je te propose d'essayer, tu n'oses pas. En digne représentante de sa culture maternelle, la fille de Saran se montre très à l'aise, elle tend son arc d'un mouvement sûr et altier.

Je sais que les gestes précis présentent des difficultés importantes pour toi. Tu as longtemps travaillé avec une psychomotricienne, au

CMPP, afin d'améliorer ta motricité fine. Une ergothérapeute a aussi contribué à développer tes capacités de repérage dans l'espace, et l'utilisation d'outils de la vie scolaire. Je vois encore si souvent ta petite main trembler lorsque tu dois effectuer du bout des doigts une tâche qui exige précision et coordination. Pincer une corde, imprimer de la force à ton geste tout en visant une cible plus loin exige tant de compétences que le monde extérieur ne perçoit pas. De fait, tu es simplement souvent qualifié de « maladroit »...

Tu essaies de tendre cet arc, la flèche ne cesse de tomber à tes pieds, tu te décourages. « Je n'arrive pas, Maman ! » Le chauffeur de taxi qui nous compagne au champ de course te prend sous son aile, il voit tes difficultés, ta préhension particulière. Il a compris, juste d'un regard attentif et bienveillant. Alors il se place spontanément derrière toi, pose ses mains sur les tiennes. Il te guide, t'accompagne, et la flèche prend son envol jusqu'à la cible. Tu exultes.

Nous rejoignons le public massé aux abords de la ligne d'arrivée. Il chante des chansons traditionnelles à la gloire de Giingo, le dieu des chevaux de course... Saran m'explique que le jockey gagnant se verra décerner le titre de *tumnii ekh*, ce qui signifie « premier du peuple ». Le cheval qui termine dernier de la course se voit, lui, qualifié de *bayan khodood*, « estomac plein ». Cela me fait sourire. Tu veux comprendre, Paul : toi, quand tu viens de manger, tu cours moins vite, n'est-ce pas ? Eh bien pour le cheval, c'est pareil. S'il a été trop gourmand avant la course, il ne gagnera pas.

Nous nous postons assis dans la steppe. Tu t'accroupis devant moi, entouré d'enfants qui te font une place pour le final tant attendu. Un adorable petit bonhomme d'à peine 2 ou 3 ans porte une version miniature du costume traditionnel des lutteurs. Même si nous ressentons la ferveur populaire, la présence d'un cordon de sécurité policière et de nombreux touristes rend l'expérience moins authentique que ce que j'avais vécu il y a vingt ans. Un ami mongol, chargé du service de sécurité, m'avait alors emmenée dans son 4 × 4 accompagner la course jusqu'à l'arrivée ! Les vitres grandes ouvertes, nous avions roulé aux côtés du groupe de tête, les encourageant de nos cris. À l'arrivée, tout le monde s'était précipité vers le vainqueur – pas le jeune garçon, mais sa monture. Les hommes avaient sorti les « couteaux de chaleur » pour nettoyer le corps fumant des étalons, afin de récupérer la sueur de l'animal, et l'étaler sur leurs fronts, car on pense que cela porte chance.

Traditionnellement, au terme d'une course, les familles entourent les concurrents, on se congratule, on rit. Un bol d'*airak*, le lait de jument fermenté, est versé sur la tête de l'enfant qui a gagné et de sa monture. Des poèmes traditionnels sont lus, vantant les vertus des cavaliers et des éleveurs.

C'est un moment festif et grisant, mais, aujourd'hui, l'afflux touristique empêche cette proximité. C'est pourquoi je sais que les naadams de province sont demeurés plus authentiques. Mais tu te laisses gagner par l'excitation palpable. Puis le silence se fait peu à peu. Imitant nos voisins, nous observons l'horizon, la main en visière. Nous scrutons sans bien savoir ce qui nous attend, pris au jeu. Bientôt, quelques claquements de langue autour de nous, une rumeur parcourant le public, telle une vague, nous indiquent que l'issue est proche. Nous percevons l'arrivée frénétique, d'abord une vapeur quasi imperceptible sur la ligne de fuite de l'horizon, puis un épais nuage de poussière se forme au loin. Crescendo, le bruit sourd des sabots martelant le sol. Cataclop, cataclop, cataclop… Mon cœur bat en rythme, de la foule montent des cris d'encouragement. Soudain, ils sont là, ces enfants héros du jour. Le groupe de tête arrive au triple galop, cravachant, hurlant dans l'effort ultime. J'imagine le tableau terrifiant des hordes cavalières de Genghis Khan dans la steppe. Tu restes bouche bée. Voilà mon fils un beau spectacle que tu devais vivre.

7
ET APRÈS ? L'AUTISME À L'ÉPREUVE DE LA CONCEPTION DU TEMPS EN MONGOLIE

Yeux noirs plissés, pommettes larges et hautes, teint buriné, Bagui sera notre chauffeur. Il parle doucement, avec timidité, dévoilant un beau sourire, franc et généreux. Le regard l'est aussi, je lui fais instinctivement confiance. Il le faut, d'ailleurs, car la route est une aventure.

Nous partons pour deux semaines de périple dans le nord et le centre de la Mongolie. En théorie, les touristes occidentaux n'ont pas le droit de conduire, et louer une voiture sans chauffeur présente bien des risques. Delgue, la maman de Saran, a recruté Bagui avant notre arrivée. Elle pense que c'est un homme bien, qui nous sera d'une aide précieuse. Il ne consomme pas d'alcool, gage de sérieux dans un pays où la vodka peut faire des ravages.

Tu n'arrêtes pas de lui parler. « C'est ta voiture ? Elle est belle, ta voiture ! Tu viens avec nous ? » Et, bien sûr, tu lui caresses la main. Il ouvre des yeux étonnés, amusés. Il passe sa propre main dans tes cheveux, faute de pouvoir te répondre. « C'est mon copain ! » t'exclames-tu avec un large sourire. Oui, Paul, je suis sûre que tu pourras t'en faire un ami. Nous avons le temps de faire connaissance.

La veille du départ, il a fallu prévoir la logistique. Bien plus simple qu'il y a vingt ans, je dois l'admettre. En 1999, la Mongolie vivait encore une transition difficile. Après l'effondrement de l'Union soviétique, le pays a vu s'interrompre la quasi-totalité de ses sources d'approvisionnement, qui venaient jusque-là, dans leur grande majorité, de l'ancien bloc de l'Est. Tickets de rationnement, inflation. L'évolution rapide d'un système planifié vers le capitalisme a achevé de plonger la Mongolie dans une profonde crise économique, alors que disparaissait simultanément tout le réseau d'aide sociale et de santé. Des années dures, où les Mongols ont redécouvert l'indigence. Les rayons des magasins d'alimentation présentaient alors peu de choix.

Aujourd'hui, on trouve de tout à Oulan-Bator, à profusion, notamment des fruits et des légumes frais. Une partie de la population reste cependant encore exempte de cet accès à une alimentation diversifiée. Nous prévoyons des denrées non périssables et, surtout, une grande quantité d'eau potable, élément nécessaire pour une sécurité sanitaire qui m'inquiétait avant le départ. J'ai bu l'eau des rivières, désinfectée par des cachets, il y a vingt ans. J'ai parfois souffert de la soif, de nausées au cœur de la steppe. Je veux absolument t'éviter cela. Les troubles digestifs m'obsèdent. Je transporte dans mon sac une pharmacie d'urgence, dont j'espère ne pas avoir à me servir. Une diarrhée, des maux de ventre peuvent provoquer chez toi des réactions de panique démesurées. Les premiers jours se sont bien passés, mais nous partons vraiment à l'aventure, hors des sentiers battus.

L'infrastructure routière mongole se développe certes, mais cela reste relatif : 2 % seulement de son immense réseau de pistes est goudronné. La signalisation est quasi absente, l'éclairage de nuit inexistant. Nous ne sommes pas à l'abri d'une panne, nous devrons bivouaquer, vivre chez les nomades. Tu perçois mes incertitudes, et nous avons droit à une déferlante de questions : « On monte dans la voiture, et après ? On roule tant d'heures, et après ? On mange ici, et après ? » Tu écoutes à peine les réponses et reviens sans cesse au même sujet. Au quotidien, tu éprouves d'immenses difficultés à ne pas te projeter dans l'instant qui suit. Cette demande – « et après ? » – ponctue tes phrases.

L'une des caractéristiques de l'autisme est ce besoin de ritualiser les journées ; le repérage chronologique est compliqué, et l'absence de repères une source d'angoisse. Je te mets en difficulté, je le sais. Voilà un défi que nous devons relever. Il faut apprendre à être patient, en Mongolie…

Je dois moi aussi m'adapter. La conception du temps diffère ici de la nôtre. Plus besoin de montre. Sur les pistes de l'arrière-pays, les minutes sont parfois des heures, les heures peuvent être des jours. L'homme de la steppe vit au rythme de la nature et des animaux dont il prend soin. L'espace et le temps se confondent dans la notion d'infini. L'injonction *Carpe diem*, « Profite de l'instant présent », je me l'intime. Pour toi, Paul, c'est presque contre nature. Saran supporte avec une infinie patience les deux cent cinquante fois où tu l'interpelles pour lui poser la même question.

Nous quittons avec soulagement les embouteillages d'Oulan-Bator, dantesques. Saran m'affirme que cela n'est rien en comparaison des saisons froides. Les trajets intra-urbains prennent des heures, et un épais nuage toxique recouvre alors la ville. C'est devenu un problème de santé publique alarmant, auquel le maire nouvellement élu a promis de s'attaquer. La Mongolie fait partie des pays signataires des accords de Paris pour la réduction des gaz à effet de serre. Des solutions existent : le blizzard qui balaie les steppes mongoles peut fournir une énergie illimitée, par exemple. Au XIIe siècle déjà, les guerriers de Genghis Khan vouaient un culte au ciel bleu éternel...

Nous prenons la route bitumée en direction du nord. Elle n'existait pas il y a vingt ans, et permet aujourd'hui de relier plus aisément la capitale à la frontière russe. Elle contribue également au développement du tourisme local et international. J'imagine que c'est une avancée légitime et nécessaire, mais, ce qui me serre le cœur, c'est de voir sur le bord des routes des décharges à ciel ouvert. Du plastique vient souiller l'herbe rase, reste accroché dans les buissons que broute le bétail. Partout, des taches de couleurs artificielles rappellent l'inconséquence de l'être humain. Cela me fait le même effet que les plages de mon enfance jonchées de détritus après la saison estivale ou le passage d'une tempête. Pour autant, comme chacun d'entre nous, je porte ma part de responsabilité par mon mode de consommation. Village planétaire. Avec Saran, nous sommes convenues d'essayer de voyager en minimisant nos déchets.

L'expansion du réseau routier mongol a modifié le visage des zones proches de ces axes. Très égoïstement, je souhaiterais dans un premier élan que ces espaces restent vierges et nous soient réservés – le sentiment que j'avais éprouvé lors de mon premier voyage. Et puis, dans un second temps, cela me renvoie à cette épée de Damoclès qui nous menace tous, la pollution sous toutes ses formes devenue une bombe à retardement. L'essor économique que connaît la Mongolie ces dernières années, notamment grâce à l'activité minière, a aussi engendré une menace environnementale omniprésente. On y trouve d'immenses mines à ciel ouvert remplies de charbon, de cuivre, d'or, d'uranium, ainsi que d'autres minéraux auxquels le monde entier aspire. Le peuple mongol, qui n'est pas le premier bénéficiaire de ses richesses, respecte infiniment la nature et adopte une attitude généralement responsable dans le traitement des déchets biodégradables, mais il n'en est pas de même, faute d'infrastructures, pour les produits manufacturés qui inondent le marché. Les épisodes climatiques sévères, les dzuds que j'ai déjà évoqués, se multiplient, décimant le bétail, obligeant les familles nomades à un exode illusoire vers la capitale. La circulation routière et l'utilisation du charbon et des déchets comme combustibles, notamment par les familles les plus pauvres, ont fait exploser la pollution atmosphérique.

Je crois de plus en plus à l'implication de celle-ci dans ton histoire, Paul. Au cours des vingt dernières années, on a constaté une augmentation de la prévalence des troubles du spectre autistique. La seule amélioration diagnostique ne saurait l'expliquer. Selon l'Organisation mondiale de la santé, les TSA concernaient en 2016 une naissance sur cent en France, une sur quarante-sept aux États-Unis, une sur cent soixante à l'échelle mondiale. Malgré les progrès de la génétique, les causes restent incertaines, mais la pollution atmosphérique semble constituer un important facteur de risque[1]. Les femmes exposées à une forte concentration de particules fines durant leur grossesse, et en particulier au cours des trois derniers mois, ont une probabilité deux fois plus

1. Étude réalisée par la Harvard School of Public Health, publiée jeudi 18 décembre 2016 dans la revue *Environmental Health Perspectives*.

importante de donner naissance à un enfant autiste.

Je suis plongée dans ces réflexions lorsque nous bifurquons : nous quittons la route goudronnée en descendant les accotements, pour une piste perdue dans la steppe. Direction le monastère d'Amarbayasgalant, joyau de l'aïmag de Selenge. Nous serpentons pour esquiver les trous, les ornières, les troupeaux de vaches, chèvres, moutons, et les rares véhicules que nous croisons.

La progression devient beaucoup plus lente, et le rôle de Bagui primordial. Il doit évaluer d'un coup d'œil rapide les écueils à éviter. Tu l'interpelles régulièrement, mais il est concentré, garant de notre sécurité. Nous décollons parfois de notre siège pour aller heurter de la tête la tôle de l'habitacle. Ce rallye de « stock-car » provoque un rire d'étonnement chez nous, petits Français habitués au confort des autoroutes. Tu t'esclaffes de bon cœur, cela vaut pour toi tous les manèges du monde. Au bout de quelques kilomètres toujours chaotiques, il n'y a plus derrière nous que des montagnes et, devant, l'horizon que rien n'obstrue.

Nous faisons quelques haltes pour admirer le paysage. J'en profite pour fouler du pied cette terre qui m'a manqué. À chaque pas, une nuée de grosses sauterelles s'envole bruyamment.

Tu en as un peu peur, et tu hésites à descendre du véhicule. Tu dois pourtant soulager une envie pressante… Ce qui pose un autre problème. Tu ne veux pas qu'on te regarde, tu veux pouvoir t'isoler. Dans la steppe ! Je pense à tes stéréotypies. Ta pudeur est à géométrie variable. Là, j'ai beau te répéter que personne ne regarde dans ta direction, rien n'y fait. Tu t'es buté, emmuré dans l'idée que l'on pourrait te voir, et je te vois sautiller d'un pied sur l'autre. L'incident est proche. Après négociations, j'obtiens finalement que ma chemise fasse écran entre toi et les autres. Nous nous éloignons, et je la tiens devant toi pour t'offrir l'intimité que tu réclames. Tu t'habitueras. Nous n'avons guère le choix.

J'essaie de t'apprendre l'expression des Mongols avertissant lorsqu'ils vont uriner : « Je vais voir mon cheval. » Trait d'humour qui t'échappe évidemment. La compréhension littérale du langage met souvent en difficulté les personnes autistes. Tu sembles, comme tant d'autres, hermétique au sens figuré des expressions, nombreuses en français. Tu ne comprends pas, par exemple, que l'on puisse donner des noms d'animaux aux gens. Une fois que tu entendais une maman appeler affectueusement son enfant « mon chat », tu t'étais indigné : « Mais c'est pas un chat ! » De là, « tomber des cordes », « avoir un pincement au cœur », ou d'autres métaphores peuvent engendrer bien des quiproquos.

Nous reprenons la route, de longues heures finalement peut-être plus simples avec toi qu'avec un enfant « typique », du fait de ton intérêt obsessionnel pour les transports. Alors que ton instabilité motrice devient flagrante dès que nous sortons du véhicule. Touchant au but, nous découvrons avec émerveillement une plaine aux couleurs de carte postale. La rivière Selenga y serpente, creusant de ses méandres la terre tendre. De loin en loin, des yourtes à la cheminée fumante. Des troupeaux paissent çà et là. Les nomades vaquent à leurs occupations. J'aperçois un cavalier. Muni de son *urga*, une longue perche de bois, il rassemble avec dextérité chèvres et moutons épars pour les ramener vers son campement. Tout au fond de la vallée, au pied d'une montagne, se dresse le monastère, éclat rouge impérial tranchant le vert de la steppe et le bleu du ciel. Comme je l'ai appris dans le Gobi, très peu de monastères existent encore en Mongolie, les lieux de culte ayant été détruits quasi systématiquement au cours du XXe siècle, sous le régime soviétique. Longtemps, les Mongols ont dû dissimuler leur foi et la vivre uniquement dans leur cœur. Mais, loin d'éteindre les cultes anciens et la flamme spirituelle qui anime les nomades, la répression n'a fait que les aviver.

Amarbayasgalant, édifié au début du XVIIIe siècle, revêt donc une importance toute particulière, spirituelle, historique, politique. L'ensemble architectural, de style mandchou (ce qui explique sa couleur rouge), a connu une magnifique restauration effectuée par l'Unesco. Une trentaine de moines vivent toujours sur place, contre quelque deux mille en 1937. Le temple diffère vraiment de ceux que j'ai déjà pu voir, et le cadre naturel qui l'entoure confine à la perfection.

Nous entamons la visite – toi, Paul, au pas de course, comme à ton habitude. Par pitié, prends ton temps ! Et laisse-moi celui de profiter de cette atmosphère singulière. La mystérieuse empreinte chinoise des bâtiments, construits selon un axe symétrique, se teinte toutefois d'influences mongoles et tibétaines : des représentations de divinités bouddhiques colorées, tantôt effrayantes, tantôt apaisantes, se succèdent.

À l'entrée du monastère, un personnage corpulent et ventripotent, à la peau bleue, est peint sur un mur. Ses sourcils froncés, son air agressif, l'aspect féroce de son visage tordu dans un rictus t'interpellent. Il tire la langue ! Amusée, je te vois te poster face à lui et tirer la langue en retour. « Il est méchant, lui, Maman ! » Saran m'explique que ces sortes de déité masculine courroucée, les herukas, sont des émanations de bouddhas. Leur colère, motivée par une pure compassion altruiste, est dirigée contre l'ego et toute forme d'égoïsme et de passions destructrices – haine, désir, jalousie… Un personnage à la peau bleue dont la saine colère contribue à faire céder les obstacles et qui permet d'accéder à la connaissance de soi ? Il m'est tout de suite plus sympathique. C'est un copain, Paul !

Dans le temple principal, les lamas psalmodient, certains semblent en transe. Des rayons de lumière émanant des hautes fenêtres viennent frapper les parois richement décorées. Sur leur trajet, ils donnent vie à des grains de poussière suspendus dans l'atmosphère baignée d'encens. Saran m'a appris l'un des mantras, phrase sacrée dotée d'un pouvoir spirituel : « *Om Mani Padme Hum.* » Le mantra bouddhiste de la compassion est l'un des plus connus et des plus utilisés de par le monde. Il signifie « Le Joyau dans le Lotus » et représente la conscience du divin en chaque être humain. Cela convient tellement à ce que je défends pour l'autisme, un trésor présent et à découvrir en chacun.

Bien que le pouvoir vibratoire d'un mantra ne soit pleinement efficace qu'après avoir reçu l'initiation correspondante, le chant, la répétition ou la simple écoute favorise l'intériorisation, et est un support pour la méditation. Celle-ci est vite expédiée me concernant, car tu mets très rapidement en péril la sérénité du lieu. Tu veux toucher aux offrandes devant les représentations de Bouddha – notamment les bonbons –, souffler les lampes à huile, faire des étirements sur les bancs de prière, et, si je te laisse approcher, je pense que tu iras caresser le crâne lisse des lamas ! Le site abrite les reliques du grand lama Zanabazar. Nous devons respecter les fidèles.

À l'extérieur du temple, nous allons plutôt sacrifier à la pratique des moulins à prières, qui font tout le tour du bâtiment. Ces cylindres recouverts de formules sacrées permettent de réciter automatiquement des mantras. En les faisant tourner sur leur axe, on libère l'énergie positive accumulée dans les textes qu'ils contiennent. Une seule rotation permet de lire autant de formules sacrées que plusieurs heures de récitation. Selon les croyances populaires, celles-ci éloignent les esprits mauvais, les maladies et la malchance. Je te vois donc faire le tour en courant, plusieurs fois, mais en prenant soin de tourner chaque cylindre d'un geste rapide de la main. Ce rituel te sied parfaitement. Des heures de prières en quelques minutes. Quelle efficacité, mon fils !

Nous voilà protégés pour des siècles. Les temps de la spiritualité mongole et autistique trouvent un terrain d'entente.

Au terme de cette visite, nous laissons à Bagui le soin de trouver l'emplacement idéal de notre bivouac. L'écrin de nature du monastère accroît indéniablement son charisme. Partout règnent harmonie et sérénité. La vallée de la Selenga est magnifique, verdoyante, tachetée de ces points blancs signalant la présence d'une famille nomade.

Nous nous éloignons un peu, sur les contreforts de la montagne, pour bénéficier de la vue dominante sur cet Éden. Avant d'installer le campement, nous commençons par une halte à la yourte voisine, afin de saluer les occupants et signaler notre présence. Toute personne désireuse d'entrer dans une yourte doit se faire annoncer, notamment par la formule « *Nokhoi khor* », que l'on peut traduire par : « Tenez votre chien. » Les propriétaires sortent alors de leur logis pour vous inviter. Je suis émue de te voir pénétrer pour la première fois à l'intérieur de cette habitation riche de symboles, maintes fois évoquée.

Entrer dans une yourte, c'est aussi se soumettre à un ensemble de rites, d'interdits et de contraintes. Trébucher sur le pas de la porte est ainsi perçu comme un signe de mauvais augure. Il est aussi préférable de pénétrer du pied droit. Une fois dans la yourte, de nombreuses règles sont encore à respecter, notamment pour savoir comment se déplacer et se positionner dans l'espace. Un savoir-vivre mongol que j'ai tenté de te faire comprendre avant le départ, pour ne pas commettre d'impair diplomatique. Mais tout cela était trop abstrait. Tu n'as rien retenu. Nos hôtes, un couple de personnages âgées, font preuve de tolérance en te voyant t'agiter au sein de l'espace restreint. Nous aurons le temps de nous acclimater, Paul. Les gens d'ici nous le laissent.

La réputation d'hospitalité chaleureuse des nomades ne se dément pas. On nous fait asseoir à l'est, place réservée aux invités, et la maîtresse de maison nous sert aussitôt un bol du traditionnel *suutei tsai*, le thé mongol au lait salé, et de l'*urum*, une sorte de crème fraîche, qui accompagne des gâteaux secs. Le thé, boisson la plus consommée de Mongolie, est gardé au chaud en permanence, dans toutes les yourtes, à l'intention du visiteur impromptu. Et je sais qu'il est mal perçu de refuser ce qu'on nous offre à manger ou à boire. Je redoute donc ton attitude lorsqu'elle te tend gentiment un bol. Heureusement, tu goûtes du bout des lèvres, cela suffit. Ce couple vit dans le dénuement. Peu de tapis, peu de meubles peints, dont la profusion est ailleurs le signe d'une relative aisance matérielle. Pour autant, ils mettent tout ce qu'ils peuvent offrir sur la table basse centrale.

Après les salutations d'usage, nous ressortons pour installer notre campement une centaine de mètres plus loin. Toi et moi dressons notre tente, Saran fait de même de son côté avec Emé et sa fille. Bagui, quant à lui, dormira dans la voiture. Les enfants vont ramasser du bois, et nous allumons un feu pour préparer le dîner. Tu as faim, comme toujours, mais tu sembles comprendre la nécessité de tout préparer au préalable. Nous avons prévu une soupe agrémentée de pâtes. Accroupie dans l'herbe, je coupe lentement les légumes aux côtés de Saran. Cette activité qui peut être rébarbative dans mon quotidien, parce que je suis toujours pressée par le temps, prend ici une saveur nouvelle. Le feu crépite et, à travers les flammes qui s'élèvent et dansent, s'étale un paysage d'aube de l'humanité. Le temps se suspend à ce moment-là. La soupe que nous partageons, les pieds dans l'herbe, vaut les repas de rois. Quel privilège d'observer les troupeaux, de te voir courir sans entrave, dans la lumière d'un soleil couchant, de dormir en pleine nature. Les questions en rafale ont cessé, l'air est doux, tu joues au foot avec Bagui. Seule la nuit interrompt ces instants de plénitude. À l'abri de notre petite tente, tu parais alors si calme. Nous nous couchons à même le sol, serrés l'un près de l'autre dans nos duvets, au sein de cette immensité.

Le confort matériel, depuis que j'ai vu brûler mon nid, m'indiffère. Bien sûr, je lutte pour que mes enfants aient un logement dans lequel ils se sentent bien, protégés, à l'abri. Mais je supporte de moins en moins la surenchère consommatrice, ces gens qui s'interrogent des heures sur la problématique de la couleur du canapé du salon, ou qui trouvent que leur téléphone portable, soudain obsolète, ne vaut pas le dernier arrivé sur le marché. Me revient à l'esprit ce poème de Victor Hugo, écrit après qu'il a perdu l'essentiel, sa fille Léopoldine.

« Oh que de soirs d'hiver radieux et charmants
Passés à raisonner langue, histoire et grammaire
Mes quatre enfants groupés sur mes genoux, leur mère
Tout près, quelques amis causant au coin du feu !
J'appelais cette vie être content de peu... »

Peut-être est-ce facile à dire pour moi qui n'aie manqué de rien dans ma jeunesse. Mais lorsque je me suis arrachée à ma vie d'avant, lorsque j'ai quitté la région parisienne, rien d'autre que mes enfants ne m'importait. Bien sûr, je cours après l'argent, pour ta prise en charge, et pour vous offrir de temps à autre ces petits plaisirs de consommation courante. Pour autant, j'aimerais que vous preniez conscience que le bonheur de l'existence ne réside pas dans ces choses que l'on peut acheter. Je sais que je vis le luxe d'un voyage à l'autre bout du monde. Mais ce sont des moments que je m'offre avec toi, cela n'a pas de prix. Cette nuit, sous cette tente, au contact de la terre, il ne me manque que tes deux frères, Paul, et j'aurais là toute la richesse du monde.

Comme chaque soir, je t'interroge à voix basse sur ce que tu as retenu de ta journée. Moment suspendu, à la fois riche et frustrant. Nous nous parlons à l'oreille, sur le ton de la confidence. Les tiennes sont laconiques, factuelles. Pour autant, je les chéris. Le bruit du vent, celui des troupeaux non loin, nous bercent, et nous nous endormons rapidement, sans plus aucune question sur l'emploi du temps à venir. Le temps mongol a remporté une bataille contre l'autisme.

Nous sommes réveillés le lendemain matin par la tempête qui se lève. Un vent violent secoue la toile de notre tente, le tonnerre gronde au loin. Les yeux encore lourds de sommeil, tu ne réalises pas très bien où nous nous trouvons. Je dézippe et jette un œil dehors : les lumières de l'aube s'obscurcissent, des nuages noirs s'amoncellent. Je ne suis plus à l'abri de ma chambre d'enfant, je dois te protéger. Nous avons peu de temps avant que l'orage éclate. Nous remballons notre bivouac en un temps record, les ordres s'enchaînent :

« Habille-toi, vite. Range ton pyjama et le sac de couchage dans le sac à dos. Passe-moi les sardines !

– Comme le poisson, Maman ?

– Oui, Paul. Enfin non. Tu sais, les piquets en fer qui maintiennent la toile. »

Je repense à ces après-midi de préparation dans notre jardin picard. Nous avons monté et démonté cette tente comme un jeu. Je ne le regrette pas : tu dépasses ta peur des éclairs et du tonnerre pour m'aider, car tu sais à peu près ce que tu dois faire. Mais j'ai prononcé ce mot que je me suis promis d'oublier pendant quelques semaines : « Vite ! » Ou sa variante, « dépêchez-vous ! », que j'assène au quotidien à mes enfants. La marque de notre servitude commune à un emploi du temps minuté. Ici légitime, le mot est dicté par un impératif de sécurité.

Au plus près de la nature, nous nous sentons soudain bien fragiles. Leçon d'humilité, comme celle que je recevais de la mer dans mon enfance. Un rideau de pluie s'abat et, tels des naufragés, nous trouvons refuge dans la yourte voisine.

Mais l'orage passe vite. Le soleil brille de nouveau, et l'ombre des nuages dessine d'étranges tableaux sur la steppe. Une masse sombre court parfois dans l'herbe rase, transpercée aussitôt par un vibrant rayon de lumière. Tableau mouvant d'origine du monde. Un concert de bêlements marque le départ des moutons de leur enclos vers les méandres de la rivière en contrebas. Les chevaux s'ébrouent sous l'ondée matinale, puis se mettent à galoper sans but.

Sur la colline surplombant le monastère se trouvent une grande statue et un stupa rappelant celui de Bodnath à Katmandou. Nous allons gravir les centaines de marche qui nous séparent du point culminant. Comme à ton habitude, tu accomplis cela au pas de course et te trouves le premier arrivé au sommet, au pied du Bouddha. Mais lorsque je te rejoins, laborieusement – je dois l'avouer, je te surprends immobile, t'abandonnant au spectacle du paysage. « C'est beau, Maman. » La contemplation de la nature, voilà la meilleure des thérapies.

Là est notre trésor que rien ne peut acheter. Ce temps que nous passons tous les deux. Dans un monde perpétuellement en quête d'une perfection physique, matérielle, de la performance, de la rentabilité. Dans ce monde qui cultive l'adage : « Le temps, c'est de l'argent. » Dans ce monde où tout va vite, où tout se doit d'aller vite, tes difficultés sont un apprentissage de la patience. Tu m'offres le temps, mon fils. Le temps de comprendre qu'il n'est pas essentiel d'apprendre à marcher à un âge dit. Que l'on peut doubler, voire tripler une classe sans que cela soit un drame. Le temps de voir tes progrès. L'acharnement pour te faire parler, te faire lire. Finalement, quelle importance que cela se fasse à 6 ou 10 ans... À l'heure de l'instantanéité des échanges qui perdent parfois en profondeur, en maturation, je repense à la première fois que tu as prononcé : « Je t'aime, Maman. » L'autisme a remporté une victoire sur ma conception du temps.

8
DANS LES FORÊTS DE SIBÉRIE

En 1999, j'avais pris le train pour me rendre à Erdenet...

Deuxième ville la plus peuplée de Mongolie, construite en 1975 pour exploiter le plus grand gisement de minerai de cuivre d'Asie, elle est la capitale de la province d'Orkhon. La ligne de chemin de fer traversant le pays du nord au sud y passe. On peut dire que le voyage est une expérience, à ce rythme inaccoutumé pour une Européenne– quatre cents kilomètres... en quatorze heures !

J'ai à l'époque prévu d'y retrouver Tsular, un oncle de Saran, et sa famille, pour visiter la région. Les touristes blancs voyagent alors rarement en seconde classe, et prennent même peu le train. Tout le monde me dévisage tandis que je cherche ma place. Étant donné que c'est un voyage de nuit, on m'a attribué une couchette, parmi les six autres du compartiment. Je suis assez surprise de compter déjà neuf personnes assises sur les banquettes ! Les regards, curieux mais bienveillants, se braquent sur moi. Notre convoi s'ébranle lentement, et nous quittons les derniers baraquements de la ville pour traverser la steppe à la vitesse d'une chèvre au trot.

Je profite du paysage, des troupeaux qui paissent tranquillement, du salut amusé de quelques cavaliers. Dans le wagon, la vie bat son plein ; certains mangent, d'autres jouent, plaisantent, chantent. On m'offre des deux mains tendues, comme le veut la coutume, des gâteaux secs. Je partage les quelques denrées que j'ai moi-même apportées.

Soudain, une mère s'adresse à un groupe d'enfants. En silence et avec une agilité étonnante, les petites têtes brunes grimpent sur les banquettes supérieures, se cachent sur les porte-bagages, derrière les sacs et les colis. Je ne comprends pas ce qui se passe, jusqu'à ce qu'une femme contrôleur, aussi aimable qu'une porte de prison, entre et nous réclame sèchement nos billets. Les mines réjouies de mes petits compagnons de route ressurgissent aussitôt après son passage. Jeu du chat et de la souris.

Le jour tombe, et moi aussi ! Il y a six planches pour dormir, les passagers s'y entassent pêle-mêle.

Je sombre doucement. Dans la nuit noire, un arrêt brutal et grinçant me réveille. Tout autour de moi, des corps endormis. Nous sommes en gare de Darkhan, étape intermédiaire de notre voyage vers Erdenet. C'est alors que je fais une rencontre nettement moins sympathique…

J'ai besoin d'aller aux toilettes. Elles sont dans un autre wagon, désert à cette heure avancée. Sur le retour, je croise un groupe d'hommes. Ils sont ivres, font barrage de leur corps dans l'étroit couloir. Ils me collent au mur, passent les mains sous mon t-shirt et rigolent grassement. Je sens leur haleine chargée d'alcool et le contact glaçant de leurs doigts sur ma peau. Une peur panique me saisit les entrailles, je les repousse violemment en les invectivant en français. Mes cris les arrêtent, ils poursuivent leur route, titubants. Ça n'ira pas plus loin, mais je me sens sale, humiliée, et très en colère. J'en pleure de rage. Bien sûr, cela aurait aussi bien pu m'arriver en France, mais je prends brutalement conscience de la précarité de ma sécurité en tant que femme, malheureuse réalité à travers le monde.

Quelque vingt années plus tard, sur la route qui nous mène à Erdenet, je n'ai pas oublié cette expérience traumatisante que je ne te raconterai pas, Paul. Tu m'as récemment fait rire par la spontanéité d'une remarque : « Maman, je travaille bien à l'école. Je crois que je vais pouvoir acheter une voiture, une femme, une maison. » J'ai ri, mais j'ai pris le temps d'essayer de te faire réfléchir à ce que tu venais de dire très innocemment. Les femmes ne sont pas des produits de consommation ; l'amour, les sentiments ne s'achètent pas, mon Paul. Je vois à travers cette phrase ma part de responsabilité : je te laisse trop souvent regarder les clips vidéo de chanteurs que tu affectionnes, dans lesquels les femmes sont présentées comme un harem légèrement vêtu, parfois allongées dans des poses suggestives sur des capots de voiture, au service du chanteur star. J'y vois aussi, et c'est nouveau, ta conception mal formulée d'un bonheur futur, d'une image de l'avenir : toi adulte autonome, avec une famille. Il demeure que je fais mon possible pour t'éduquer, avec tes frères, dans le respect de l'autre, et notamment des femmes. Je suis assez épidermique sur ce point, tu ne comprends pas toujours mes colères. Cette menace d'un viol dans le train a contribué à les alimenter.

Mais il ne serait pas juste que je ne retienne que cette anecdote de mon séjour dans le nord du pays. Tous les hommes mongols que j'ai eu la chance de côtoyer se sont montrés infiniment respectueux, j'ai vécu des moments précieux au sein d'une famille nomade qui a pris soin de moi comme d'un membre à part entière de sa communauté, et cela grâce à Tsular, un homme, un mari et un père formidable.

À quelques kilomètres de la ville, il nous attend, tout aussi ému que moi de ces retrouvailles et de rencontrer un de mes fils. Avec sa femme, ils ont quitté pour l'été le centre d'Erdenet pour une agréable datcha à la campagne. La maison qui jouxte la leur appartient à un oncle et une tante de Saran. Ils recréent ainsi ensemble l'esprit des *ail*, les groupements de yourtes d'une même famille. Sur la route du lac Khövsgöl, nous allons faire étape chez Tsular pour la nuit.

Comme à chaque fois, l'hôte et l'hôtesse, quelle que soit l'heure, sortent tout ce qu'il y a dans le placard et préparent quelque chose à manger. Instantanément, la table se couvre de petits plats. Il est 16 h 30, et nous goûtons de cornichons, boudin mongol, côtelettes de mouton, gâteaux, bonbons… Et, comme au cours de la conversation je signale à mes hôtes que nous sommes le 14 juillet, nous nous retrouvons à trinquer à la vodka. Pour l'occasion, à la demande des convives – et l'alcool aidant, en ce qui me concerne –, nous entonnons une *Marseillaise* mémorable. J'ai tout tenté en vain pour t'apprendre quelques couplets de comptines, de chansons enfantines, et tu parviens aujourd'hui à chanter des phrases sous l'influence de tes copains d'école : *La Marseillaise* parce que le foot, Soprano ou Maître Gims parce que c'est à la mode... J'avoue que j'ai un peu de mal à adhérer à tes goûts sur ce dernier point. Mais je ne renonce pas à diversifier ton éducation musicale.

Je pense à ma grand-mère maternelle qui m'a fait connaître Mozart, souvenir ému à l'écoute du requiem dans la cathédrale d'Amiens. Ou ma famille d'accueil américaine qui m'avait emmenée voir l'opéra *Don Giovanni* en plein air, dans un parc de Chicago. Le *Clair de lune* de Debussy ou les *Gnossiennes* d'Erik Satie, qui bercent mes insomnies. Les Beatles qui ont marqué la jeunesse de tes grands-parents, les textes de Brel ou de Barbara, qui émeuvent toujours ta grand-mère, les riffs de guitare des Pixies, de U2 ou de Radiohead, qui ont fait vibrer mon adolescence. Que toi aussi tu connaisses tout cela me tient à cœur.

Dans la datcha près d'Erdenet, c'est la fête jusqu'au soir. Nos hôtes ont préparé un barbecue malgré notre goûter pantagruélique. Nous dînons dehors, assis dans l'herbe autour du feu. L'oncle de Saran, bien équipé d'un baffle et d'un ordinateur portable, a aussi installé un écran de karaoké, loisir très apprécié des Mongols. Je regarde, un peu passive, ce spectacle improbable. Les enfants et les adultes s'en donnent à cœur joie, s'époumonant sur des chansons pop que nous ne connaissons pas. Cela t'importe peu, tu adores danser. Comme tu ne te soucies pas du regard des autres, ta liberté de mouvement rend tes chorégraphies à la fois drôles et touchantes. C'est notre petit rituel à la maison. Ce que j'appelle le « défouloir du soir ». On met de la musique très fort, et tu es maître des mouvements, que j'essaie d'imiter. Cela permet aussi de canaliser un peu ton excitation, vive en fin de journée, quand tu te mets à courir à travers le salon, effectuant toujours le même parcours, sautant au passage en roulade sur le canapé. Ce soir, chez nos amis mongols, tu refuses que je reste dans mon coin, tu me tires par la main. « Viens danser, Maman ! Pour faire plaisir ! » Tu sais que moi aussi j'adore ça.

Soudain, quelques notes de synthétiseur me ramènent des années en arrière, dans le salon de mes parents, où grésillait le tourne-disque familial. Dans la playlist de notre hôte, j'ai la surprise d'entendre les premières notes de *Voyage voyage* de Desireless, un tube aussi à l'étranger, ce que j'ignorais. Bain de jouvence, retour improbable dans les années 1980. On devient un peu chauvin lorsqu'on est loin de chez soi ! Je chante à pleins poumons comme si c'était ma chanson fétiche. Je réalise que je connais en fait les paroles, bien ancrée au fond de ma mémoire, preuve d'un véritable succès populaire. « Voyage voyage, plus loin que la nuit et le jour / Voyage voyage, dans l'espace inouï de l'amour… » Ces phrases prennent une dimension particulière ici. Et puis, je me mets à danser, tourner, virevolter à tes côtés, dans une légèreté insouciante que je n'ai pas vécue depuis longtemps. Quelque part sur la Terre, une nuit sous les étoiles, au nord de la Mongolie…

L'esprit embrumé par les excès de la veille, j'émerge peu à peu de ma courte nuit. Cette soirée aux côtés de Tsular et de sa famille a été merveilleuse. Pour le partage, mais aussi parce qu'il me semble avoir enfin un peu lâché prise. Mais il faut vite remballer nos sacs de couchage. Des adieux, encore, avec ce trésor que j'emporte dans mon cœur, et l'espoir, toujours, qu'ils ne soient pas définitifs. « *Bayarlaala !* » « Merci ! » Ce mot que j'ai pu t'apprendre est l'un des rares que je connaisse, et que tu prononces à l'intention de notre famille d'accueil, avec il me semble une certaine émotion. Nous avons encore une longue route devant nous pour cette destination que je fantasme depuis longtemps, le lac Khövsgöl.

Je me suis évadée, j'ai rêvé, j'ai sombré dans des abîmes de réflexion à la lecture de Sylvain Tesson, *Dans les forêts de Sibérie*, récit des six mois qu'il a passé seul dans une cabane au bord du lac Baïkal. Là, plus aucune connexion avec le monde des hommes. Des heures, des jours, des mois face à soi-même et à la véracité abrupte de la nature sauvage. Un exemplaire m'accompagne jusqu'aux rives du Khövsgöl, tel un talisman. J'ai envie de le relire, encore, à cet endroit-là, comme pour éprouver avec plus d'intensité ce qu'il a restitué de cette expérience hors du commun. Les pages de mon livre sont cornées, raturées, annotées. Tant de merveilleuses descriptions qui vont prendre vie, tant de sens éclairés du témoignage de cette âme solitaire nourrie de silence, de contemplation, de lectures. Bien sûr, je suis loin de pouvoir imaginer le froid glacial de la taïga sibérienne, la beauté et la dangerosité d'un lac figé dans les glaces. Mais certaines phrases retentissent déjà singulièrement depuis le début du voyage. « Et si la liberté consistait à posséder le temps ? Et si le bonheur revenait à disposer de solitude, d'espace et de silence – toutes choses dont manqueront les générations futures ? » Je le connais intimement ce sentiment de solitude, la solitude que j'ai choisie, celle que je subis…

L'autisme engendre aussi cela. Les troubles du comportement empêchent la vie sociale pour bon nombre de familles. La réduction ou l'absence de vie professionnelle isolent. Le cercle d'amis se restreint. Jusqu'à l'incompréhension des proches, qui est certainement la plus douloureuse. D'aucuns peuvent trouver cela paradoxal, mais le handicap de Paul a aussi rendu salvateur de me mettre parfois en retrait du monde. Ne plus avoir à se justifier, à expliquer, ne plus avoir à subir les conseils, les diktats, les critiques ou les regards désapprobateurs. C'est épuisant. Loin de tout cela, je respire. Je mesure l'ironie du propos, moi qui partage sur les réseaux sociaux cette aventure, le parcours de mon fils, moi qui suis en train d'en faire le récit et qui, sans l'aide de certaines personnes, se serait effondrée. Des amitiés fidèles me portent. Mais je reste seule face aux enjeux de ton avenir, mon fils, et enfermée face aux incompréhensions de notre société. Sylvain Tesson écrit dans son livre : « Rien ne vaut la solitude. Pour être parfaitement heureux, il me manque quelqu'un à qui l'expliquer… » Même si je sais que ce voyage n'est qu'une parenthèse à notre réalité, je souhaite que toi et moi, en côtoyant la splendeur de cette terre et un peu de solitude partagée, trouvions notre liberté intérieure.

À l'opposé de notre progression première vers le Gobi, le paysage change. Nous atteignons la ville de Khatgal, à l'extrémité sud du lac, au bord d'un bras étroit, ce qui fait que nous ne découvrons pas encore vraiment notre Graal. L'influence sibérienne se fait sentir. Les températures chutent. Des baraquements de bois colorés bordent la route, moins de yourtes sont visibles à cet endroit. Résultat de l'érosion d'une fissure tectonique, un défilé majestueux à la végétation abondante constitue l'écrin de la « perle bleue » de Mongolie.

Nous décidons de contourner le lac par la rive occidentale, via une piste très abîmée qui serpente au milieu d'immenses mélèzes. Nous parcourons une trentaine de kilomètres en progressant difficilement. Passages de rivières asséchées, de cols abrupts. Le lac est ceint d'une douzaine de sommets qui culminent à plus de 2 000 mètres d'altitude et sont recouverts de forêts de pins.

Au détour d'un col, tu t'exclames : « Oh, Maman, des Indiens ! ». Il s'agit d'un campement de Tsaatans, une ethnie minoritaire d'origine turque vivant dans l'extrême nord de la province du Khövsgöl, dans la taïga sauvage et inhabitée. Attirés par la manne touristique, ils s'installent pour la saison estivale plus au sud, près des rives. Ta surprise s'explique à la vue de leur habitat traditionnel, semblable aux tipis des Indiens d'Amérique. L'*orts*, très certainement un ancêtre de la yourte, est un simple abri toujours utilisé par les éleveurs de rennes. Il consiste en un cadre conique de branches ou de poteaux en bois, couvert par des peaux animales. Quelques rennes broutent aux abords de la piste. Je pense à ton petit frère Octave, qui rêve de Laponie et serait impressionné à la vue de ces cervidés qu'il associe au Père Noël.

Mes fils me manquent. Plus tard, je leur raconterai tout, Paul, c'est promis. Plus de réseau téléphonique, pas d'accès Internet jusqu'à la fin de notre périple. Sevrage salutaire, nécessité absolue pour que nous soyons libres… Il y a vingt ans, j'avais juste envoyé un fax à mon père depuis Oulan-Bator, pour le prévenir de mon arrivée, puis plus rien pendant un mois. Autre temps, autres mœurs, autre monde. Aujourd'hui, cet impératif d'être joignable en permanence me pèse. La Mongolie, en dehors de la capitale, libère de cette servitude addictive.

Après une bonne heure de route, il apparaît enfin au détour d'une montagne, en contrebas… Gigantesque miroir du ciel serti de roches et de vert, il a soigné son entrée en scène théâtrale ! On le surnomme tantôt la « mer » ou la « perle bleue de Mongolie ». Les superlatifs peinent à rendre la beauté de ce petit frère du Baïkal de l'autre côté de la frontière sibérienne. Cent trente-six kilomètres de long dans la taïga, 2 760 kilomètres carrés d'une eau pure aux reflets changeant, du bleu nuit au vert tropical. Il représente à lui seul 2 % des réserves d'eau douce du monde.

Je repense à Sylvain Tesson. Nous n'aurons pas le privilège de séjourner seuls ici, les campements de touristes se sont développés ces dernières années, même s'ils sont occupés essentiellement par des Mongols. Il faudrait remonter beaucoup plus vers le nord pour trouver l'isolement total. Ce serait une autre aventure. Pas de cabane pour nous, mais une yourte louée dans un campement au bord du lac, pour quelques jours de marche, de cheval, de contemplation.

La propriétaire du campement, Oyun, une femme charpentée aux yeux rieurs, nous accueille chaleureusement. Elle nous offre un thé dans sa cabane de rondins, en attendant – luxe infini – que l'on fasse chauffer de l'eau pour que nous puissions prendre une douche. Fini la toilette de chat, Paul ! « Mais je suis pas un chat ! » Oui, oui, j'oublie… Pas d'expression métaphorique. Tu n'es pas un chat mais un petit garçon un peu sale, qui va avoir le privilège de se laver avec l'eau du lac bleu qui fait la peau toute douce.

Oyun se renseigne un peu sur le but de notre voyage, et j'apprends étonnée qu'elle a rencontré Rupert Isaacson et son fils autiste, Rowan, lorsqu'ils ont tourné le documentaire *L'Enfant Cheval*, en 2006, ce témoignage qui m'a tant inspirée. Elle perçoit ta différence, ta gestuelle, tes mimiques, ton agitation. Elle passe une main protectrice sur ta joue. Puis elle m'adresse quelques mots que je ne comprends pas. Saran me traduit que ton attitude n'est rien en comparaison de celle de Rowan. Il faut hiérarchiser, encore ici. Je sais, Paul est modérément atteint. Mais les répercussions sur notre mode de vie vous demeurent invisibles. Notre solitude.

Ces quelques jours sont une béatitude. Nous nous trouvons à ce point du globe le plus éloigné des océans, dans la zone de transition avant la toundra arctique. Je marche beaucoup, muette, sur les rives du lac. J'en ai besoin. L'expression d'une liberté. La terre mongole ne se laisse pas apprivoiser, elle vous happe, vous envoûte; presque instantanément, vous lui appartenez. Quotidiennement, au bord de l'eau si limpide que l'on peut la boire, je ferme les yeux pour capter l'atmosphère. Quelques yaks broutent placidement l'herbe plus verte et dense à cet endroit. Le soleil effleure mon visage. Un vent léger caresse les fleurs sauvages qui tapissent la taïga, agite la cime des épicéas et des mélèzes. L'air qui emplit mes poumons est si pur que c'en est enivrant. La Mongolie éveille mes sens et ranime mon corps anesthésié par une façon d'exister qui nous éloigne de l'essentiel. C'est une sensation délicieuse, ce retour à la vie… Lorsque je marche à l'ombre des futaies, buissons, conifères et bouleaux, les rayons de lumière percent les ramures et dévoilent une flore colorée, exotique. Un tapis de mousse et de plantes endémiques, la saxifrage jaune, la valériane aux teintes mauves, l'edelweiss ivoire aux pétales charnus. L'herbe bruisse du son des insectes. Il est difficile d'imaginer ce paysage figé dans la glace.

Ce qui aimante le regard, ce sont les eaux saphir aux reflets envoûtants, les plus profondes de Mongolie. La froideur estivale du lac contribue à la conservation des fonds intacts, cristallins et pourtant mystérieux. Du haut d'un promontoire rocheux, j'aperçois de temps à autre un éclair d'argent, la vie foisonnante sous la surface. L'omoul du Baïkal, la truite lenok, l'ombre et l'esturgeon de Sibérie, et même le redoutable taimen, le plus gros des salmonidés, peuplent les profondeurs. Je ne te parle pas de ces habitants invisibles, par peur que tu renonces à te baigner, ton obsession depuis que nous sommes arrivés.

Nous nous plongeons avec délectation dans les eaux fraîches et limpides. À plus de 1 600 mètres d'altitude, la température ne dépasse pas les 13 degrés. Saisi par le froid, tu ris et t'éclabousses à grand renfort de moulinets de bras. Je repense à ces mercredis passés à la piscine municipale. T'apprendre à nager, c'était un objectif prioritaire, soutenu par nombre de cours particuliers. La noyade est la première cause de mortalité pour les enfants autistes, car l'eau est un élément dans lequel ils se sentent bien, mais sans aucune conscience du danger qu'elle représente. Combien de fois, avant que tu saches vraiment nager, ai-je dû te repêcher dans le grand bain ? Tu t'y précipitais sans plus de question dès que tu passais au bord… La piscine reste pourtant un souvenir de bien-être, une échappatoire pour moi, nous sortant de l'espace restreint de l'appartement, un temps de plaisir intense pour toi qui plongeais à répétition, éclaboussant tout l'entourage et riant aux éclats. Quand je songe que la psychologue du CMPP, lors de la « thérapie mère-enfant », me demandait de m'y baigner en te portant dans mes bras – à 7 ans ! –, afin que tu revives le liquide amniotique et que nous recréions ensemble un temps gestationnel raté… Tu es libre, mon amour : saute, crie, éclabousse dans les eaux purificatrices du lac bleu !

En dehors des promenades, tu passes des heures à jeter mécaniquement des cailloux depuis les berges, rituel rassurant qui te rappelle nos après-midi, assis dans les galets sur les plages de la Somme. Les enfants d'une yourte voisine nous rendent visite chaque soir, curieux. Une fillette de 6 ans environ essaie de communiquer. Elle s'appelle Namin, ce qui signifie « émeraude ». Elle a un charme incroyable, ses yeux sont doux et rieurs, sa peau tannée, rougie par le soleil, le vent et le froid. C'est à cette qualité de peau, ce teint particulier que l'on distingue les Mongols des steppes de ceux qui vivent toute l'année à la ville. Je suis sous le charme de cette petite pierre précieuse au regard profond, et je crois que toi aussi. Quel plaisir de vous voir jouer ; vous vous courez après en tournant autour des yourtes. Elle n'est que tendresse et rires. Tu as souvent vécu cela avec les petites filles, qui se sont, dès ton plus jeune âge, montrées bienveillantes et protectrices.

Namin te prend par la main pour t'emmener au bord du lac, elle veut t'apprendre à faire des ricochets. Elle te montre comment sélectionner le galet plat qui conviendra, puis le geste souple de la main qui permet de défier les lois de l'apesanteur. La petite pierre plate vole au-dessus de l'eau, l'effleure avec délicatesse et laisse quelques instants suspendus la trace de son passage par des cercles qui peu à peu s'effacent. Tu regardes, tu la regardes, tu souris et tu tentes de reproduire, maladroitement. Elle s'en moque, elle te montre encore et encore, doucement, patiemment. Elle rit avec toi, mais pas de toi.

Vous observant tous deux dans le soleil couchant, je m'interroge sur ta vie affective. J'aimerais tant que tu connaisses les douceurs de l'amour. Et si tu en connais les douleurs, pourras-tu le supporter ? Quand tu auras l'âge de l'adolescence, je sais que m'attend une période délicate. L'afflux d'émotions contradictoires qu'il te sera si difficile d'exprimer – les bouleversements hormonaux, corporels, sont généralement explosifs chez les personnes autistes. Comment se passera ton éducation à la sexualité, si tu en as une ? Cela fait tant d'inconnu.

Ne pas anticiper les problèmes, avancer pas à pas. Trop penser à l'avenir donne le vertige. J'y reviens, toujours : profiter du moment présent. Te regarder rire et courir aux côtés de cette petite fille. Où est ta différence à cet instant ?

Il y a pourtant une crise, un trop-plein d'émotions qui a dû s'exprimer. Un soir, voulant t'asseoir sur un rondin de bois devant notre yourte, tu chutes, ton verre à la main, renversant sur toi un jus de pomme. Tu te salis. Mon enfant contradiction… Tu manges très salement, mais tu ne supportes pas d'être sale. Tu sembles parfois hermétique aux regards qui t'entourent, et tu crois en cet instant qu'on se moque de toi. Tu pleures, tu hurles : « Tout le monde rigole sur moi, on se moque de moi ! » Je dois te calmer, vite. Tu t'es rendu une fois aphone au cours d'une crise inexpliquée qui a duré plus d'une heure. Je t'isole et te contrains dans mes bras. Cela me brise le cœur, parce que je ne sais jamais exactement ce qui provoque cela, je ne fais que des suppositions. Te sens-tu humilié par ton pantalon trempé ? Par nos rires de surprise que tu interprètes à tort ? As-tu mal quelque part ?

Lorsque tu étais petit, tu semblais insensible à la douleur et aux émotions. Tes larmes sont rares, et d'autant plus insupportables, alors que d'une certaine façon je devrais m'en « réjouir », comme de ta capacité à faire des phrases. Puis la tempête passe. Tu me dis : « C'est fini, Maman », comme soulagé et vidé de tes forces.

Je te cajole un peu plus longtemps ce soir-là. Sous la yourte, dans la quiétude du crépuscule, Saran, tendre et maternante, propose de nous conter la légende du morin khuur, la vièle-cheval…

Il était une fois un jeune garçon très pauvre nommé Sukhe, qui avait pour meilleur ami un cheval blanc merveilleux, capable de galoper plus vite que le vent, et même de voler. Un homme riche au cœur sombre, avide de conquêtes et de victoires, en devint fou de jalousie. Il essaya d'acheter le cheval fabuleux. Mais c'était peine perdue, le cheval était libre de galoper sans barrière et de rester près de son ami. Ivre de colère, le méchant seigneur tua le beau cheval blanc tant aimé de l'enfant. Et cruellement privé de son ami, le garçon ne put – pour commencer – rien faire d'autre que pleurer. Mais l'esprit du cheval apparut à Sukhe dans un rêve pour lui demander de faire un instrument de son corps, afin qu'ils puissent encore tous les deux être ensemble. Ainsi, le premier morin khuur fut assemblé, avec un manche en os de cheval, des cordes en crin, une peau de cheval recouvrant la caisse de résonance en bois, et une tête de cheval sculptée au bout du manche. Et, sur cet instrument, le jeune garçon chanta sa douleur d'avoir perdu le compagnon cher à son cœur. Il chanta l'âme de son ami disparu, ces inoubliables moments où il faisait corps avec lui, galopant sous le ciel immense, dans l'espace sans barrière. Il chanta pour son ami cheval et pour l'amour qu'il avait de lui. C'est pourquoi, depuis la naissance de l'instrument, son manche en bois porte, sculptée dans la masse, une tête de cheval…

Tes paupières s'alourdissent et tu bâilles.

« Je veux faire du cheval, Maman.

– Oui, demain nous ferons du cheval. »

Saran, pour clore son histoire, chante tout doucement une berceuse.

Je sens ta tête lourde sur mon bras. Ton souffle se fait plus régulier. Tu t'es endormi.

Les troubles du sommeil, même s'ils ne sont pas caractéristiques, font bien souvent partie du quotidien de l'autisme et engendrent un épuisement sans fin pour les parents. On estime que 60 à 80 % des enfants autistes connaissent des difficultés d'endormissement (c'est ton cas) et de multiples réveils nocturnes. Nous dormons si bien, profondément tous les deux, depuis notre arrivée… Apaisés.

Nous sommes sur la terre des chamans, Paul. Hommage à la relation singulière qui unit le nomade et le cheval, la légende du morin khur symbolise à elle seule l'importance accordée dans la spiritualité mongole aux esprits, et notamment aux esprits des animaux. Pour ce peuple chamaniste, chaque être vivant a une âme, au même titre que les humains. Point de passage important pour les oiseaux migrateurs depuis la Sibérie, le Khövsgöl et ses alentours, parc naturel protégé, constitue un refuge pour de nombreuses espèces de mammifères – zibelines, cerfs, chevreuils de Sibérie, ours bruns, lynx… Un joyau farouchement préservé, un lieu propice aux rencontres diverses.

D'ailleurs, tu as fait la connaissance d'un souslik malicieux, petit rongeur qui ressemble à une marmotte, et qui, comme elle, vit dans des terriers. Nous en avons croisé beaucoup dans la steppe, images fugaces car ils disparaissent en un éclair au passage de la voiture. Mais, dans le calme de notre campement, l'un de ces mammifères diurnes vient régulièrement nous narguer. Progressant par petits bonds gracieux et agiles dans les hautes herbes de la taïga, il tourne autour de notre yourte et manifeste sa curiosité. Soudain immobile, il se dresse de toute sa hauteur sur ses deux pattes arrière, et de ses prunelles noires auréolées d'un cercle de poils blancs il semble nous épier.

Au début, tu cours pour t'en approcher et, évidemment, l'animal vif disparaît, souvent sous le plancher en bois de la yourte. Puis il réapparaît quelques minutes plus tard. Vous semblez l'un et l'autre prendre plaisir à cet amusant jeu de cache-cache. Mais tu finis par comprendre que, pour l'observer, il faut te calmer, t'accroupir, ne plus bouger et rester silencieux. Alors on peut regarder le spectacle tranquille de la vie sauvage, le souslik qui joue et saute dans les herbes, s'arrêtant parfois comme pour nous adresser un clin d'œil complice. Cela vaut bien une autoroute, n'est-ce pas, mon fils !

Tu es aussi très attiré par les yaks, des animaux si atypiques pour nous. Alors que nous randonnons sur les berges du lac, tu aperçois un mâle imposant à la toison brune qui a descendu un petit accotement pour se désaltérer. Je te vois marcher paisiblement vers lui. Tu restes immobile, puis tu te mets à quatre pattes, arrachant au passage quelques brins d'herbe pour les tendre au ruminant massif en contrebas. Tu es très proche, je m'interroge un instant sur un danger potentiel. Mais aucun signe de nervosité de part et d'autre. Le yak et toi, vous vous dévisagez, échangeant un long regard curieux devant les eaux turquoise. Vision empreinte d'une délicate poésie. J'ai toujours eu le sentiment que tu entretenais un lien particulier et surprenant avec le monde animal. Je te revois tout petit, roulé en boule dans la niche de Biscotte, le labrador de ta grand-tante, lové contre l'animal qui t'acceptait sans broncher. Tu as la mauvaise habitude de prendre la gueule des chiens entre tes mains, d'en approcher ton visage pour presser longuement ta joue contre la leur. Expérience tactile, sensorielle, certainement agréable, mais pas que…

Surtout, le cheval est ta grande histoire d'amour. Ton papa a pensé que ce serait une bonne chose que tu commences l'équitation lorsque tu avais 6 ans. Tu manifestais déjà une insatiable curiosité dès que l'on passait à proximité d'un haras. Par le toucher réciproque, une relation affective et de confiance avec l'animal s'installe. Cela te correspond tellement. Un autre langage. Le cheval, un être profondément social, ne fait strictement aucune différence entre une personne autiste et une autre. Ses registres de communication passent par les attitudes corporelles. Les premières séances ont essentiellement consisté au pansage, à toucher, brosser, caresser, faire des bisous, regarder. Je revois ta petite main tremblante guidée par celle de la monitrice pour passer la brosse sur les flancs et la crinière d'un poney à la robe pie. Puis est venue la phase de travail avec l'animal : apprendre à le diriger, interpréter ses réactions… Pour finir par le travail monté – exercices sur l'équilibre, relaxation, jeu de rôle. Tu as tant progressé. La préhension des rênes, le positionnement dans l'espace, l'écoute des consignes représentaient d'importantes difficultés que tu as surmontées. Aujourd'hui, tu es pleinement intégré à un cours collectif, et je peux te voir, fier cavalier, faire du trot enlevé, galoper et même sauter de petits obstacles. Au centre hippique, adultes et enfants se montrent prêts à t'aider à panser Pinocchio, ton « copain », attentifs à tes progrès, amicaux sans t'infantiliser. Une fois, une seule, tu t'es raidi et emmuré dans une crise parce que l'on ne t'avait pas donné le poney que tu montes habituellement.

La question des excursions à cheval s'est posée avant notre départ. Malgré tes aptitudes, les randonnées équestres sur plusieurs jours paraissent trop hasardeuses. Je crains d'inévitables chutes, sans aide médicale à proximité, et une fatigue trop importante également. Nous avons donc opté pour des balades ponctuelles, à la demi-journée. Toutefois, mauvaise surprise ! Les nomades qui louent leurs chevaux ne veulent pas que tu montes seul ; ils n'ont pas confiance dans la capacité des enfants étrangers à maîtriser leur monture.

Les chevaux mongols sont petits, trapus, mais semi-sauvages. Avec le développement du tourisme, des accidents ont eu lieu. On me parle d'un récent traumatisme crânien. Prudence, donc. J'obtempère, même si tu manifestes une réelle frustration. Je dois monter derrière toi, Paul. Je ne suis pas une grande cavalière, et cela limite nécessairement les déplacements, mais le cadre grandiose et, finalement, ton plaisir si palpable valent la peine.

Moi, je dois dire que j'en profite un peu, car j'aime être à ton contact, sur la selle. Comme toujours, tu observes chaque détail, oubliant le paysage somptueux qui nous entoure. La petite tache grise sur l'encolure de « ton » cheval, un lien de cuir entremêlé à une natte tressée dans sa crinière. Une mouche venant agacer l'étalon qui souffle et secoue la tête... Tu te raidis alors ! Je sais, sans comprendre, que tu détestes les mouches. J'ai déjà passé plus d'une heure à en chasser une qui s'était introduite dans ta chambre, chez nous, car tu refusais d'aller te coucher tant que tu pouvais l'entendre. Tu as aussi obligé l'une de tes maîtresses à interrompre son cours, communiquant ton affolement à l'ensemble de la classe de CE1.

Sur les rives du lac bleu, je ressens physiquement ton apaisement progressif au contact des chevaux. Les nomades s'étonnent et s'inquiètent de te voir enserrer leur encolure de tes bras, pour les « câliner ».Tu poses avec une belle prestance sur le dos d'un étalon, fier de toi, le sourire aux lèvres.

Avant de quitter le paradis du Khövsgöl, Saran organise une excursion vers une île sacrée. En haut d'un piton rocheux, abrupte se trouve un *ovoo*, amas de pierres dressé en l'honneur des esprits. Mon amie voudrait y déposer une offrande, faire une prière pour notre bien-être à tous, rite chamanique ancestral présent à travers toute la Mongolie.

Un petit bateau à moteur nous y mène. En glissant sur la surface lisse du lac très calme, ce jour-là, j'admire encore la pureté de ces eaux, et le mystère insondable des profondeurs. Jusqu'à 267 mètres. On dit que reposent au fond les camions d'imprudents ayant voulu traverser la glace à la fin de la saison hivernale. À l'approche du site, le lac prend des couleurs dignes d'un lagon tropical.

L'île n'est quasiment qu'une petite montagne où se dresse parfois un mélèze majestueux. Les Mongols gravissent en procession la roche qui surplombe le lac. Chemin raide et glissant, à-pics nombreux. Je crains pour ta sécurité. Nous déposons une offrande, main dans la main avec Saran et sa fille, expression de notre gratitude pour la beauté que nous offre ce pays, mais je veux vite redescendre, car tu t'agites. Non, décidément les lieux dédiés à la spiritualité ne te conviennent pas !

Autre courte déception me concernant : la région du Khövsgöl abrite, je l'ai dit, les derniers représentants de ce peuple solitaire qui vit dans les montagnes isolées et peu accessibles de l'extrême nord du pays. *Tsaa* signifie « renne » en idiome. Les Tsaatans sont donc « ceux qui vivent avec les rennes ». Ils s'efforcent de préserver leur mode de vie traditionnel et pratiquent le chamanisme, ce culte lié aux esprits de la nature et aux ancêtres. J'aimerais rencontrer un chaman, celui ou celle qui a le don de faire le lien entre le monde des humains et celui des esprits. Je n'espère rien te concernant, Paul, contrairement à Rupert Isaacson, qui a écrit que les cérémonies chamaniques lui avaient apporté des informations nouvelles sur son fils – et lui avaient permis de progresser. Ce culte ancestral me fascine, c'est un élément important de la culture mongole, qui manque à ma connaissance.

Grâce à Saran, je parviens à croiser un éleveur tsaatan. Il est d'une incroyable beauté. Le visage parcheminé, bruni, presque noirci par la rudesse du climat, avec des yeux magnétiques d'un bleu étincelant. À ses côtés, quelques rennes aux bois couverts d'une toison duveteuse broutent le lichen au pied des arbres. Il me propose d'organiser un rendez-vous avec une femme chamane. Mais il est conscient que cet attrait est une manne touristique, et cela se monnaie donc. Or je ne veux pas payer une expérience spirituelle. J'abandonne.

J'ai conscience de l'ethnocentrisme de ma réaction. Trouver de l'argent est malheureusement devenu pour ce peuple réduit à peau de chagrin une question de survie. Mais, vraiment, je n'ai pas envie de participer de cette façon-là.

La veille du départ, nous retrouvons Oyun, la propriétaire du campement, et deux de ses amies. J'admire cette femme qui mène sa petite entreprise seule et d'une main de maître. Elle a sorti une bouteille de vodka. Elle boit comme un homme et elle a le rire sonore. C'est une épicurienne. Mais sa grâce, sa sensibilité s'expriment dès qu'elle se met à chanter.

Les Mongols aiment chanter, et toutes les occasions sont bonnes pour s'y adonner : lorsqu'ils gardent seuls les troupeaux, alors qu'ils parcourent la steppe, en s'adressant à un animal ou, bien sûr, lors des fêtes et des cérémonies. Ils peuvent surprendre celui qui n'y est pas habitué, mais il est difficile de rester insensible à la beauté des chants mongols. Pour donner le change, nous essayons de nous souvenir des paroles de nos « classiques » – Maxime Le Forestier, Brassens, Fugain, Souchon… C'est un exercice dont nous avons perdu l'habitude. Et puis cette peur du ridicule qui nous entrave…. Mais personne ne nous juge sur nos capacités vocales, seule compte l'authenticité de l'émotion que nous y mettons. Toi, Paul, tu viens me câliner avec une demande : « Chante, Maman, chante pour faire plaisir ! » Alors j'entonne *Quand j'serai KO*, que tu adores.

Tu cours de l'un à l'autre, enlace la maîtresse de maison, tu t'assieds sur ses genoux et gratte les cordes de sa guitare en riant aux éclats. La soirée se prolonge, intime, chaleureuse. « Chant », en mongol, se dit *do*, comme « donner ». Nous nous donnons, nous partageons.

Nous avons marché, nagé, chevauché, couru, ri sur les rives du lac. Il faut le faire ailleurs. Un art de vivre.

9
DE BATTRE MON CŒUR A CONTINUÉ

Sur un promontoire rocheux que nous avons gravi avant le départ, je jette un dernier regard au lac, je jette un dernier regard sur toi contemplant le lac. L'émotion d'une première fois ne se revit jamais. J'aimerais tant lire dans tes pensées. Que ressens-tu, mon fils, en laissant derrière toi les eaux bleues du Khövsgöl ? Tu as l'air serein, heureux ; il faut que cela me suffise.

Nous quittons notre Éden sibérien, direction l'Arkhangaï, où nous attend la famille nomade de Saran. Cette province tire son nom du massif au cœur duquel elle se trouve. Montagnes boisées, falaises abruptes, splendeur des vastes steppes – une nature belle à couper le souffle ! Une oasis située entre le désert de Gobi et la taïga sibérienne. L'Arkhangaï évoque ce pays tel qu'on l'imagine. Le cœur de la Mongolie.

Notre parcours devient de plus en plus aventureux au fil des kilomètres. J'entraperçois dans le rétroviseur les mâchoires serrées de Bagui. Le passage d'une épingle à cheveux avec le vide en contrebas et des éboulis de pierres me vaut quelques bouffées d'angoisse. Mais qu'est-ce qu'on fait là, Paul ? Oui, parfois, comme une fulgurance, l'idée que je te mets en danger inutilement me traverse. La pensée que nous pourrions être à l'abri dans notre foyer. Et puis, aussitôt, je me souviens que le danger qui te menace le plus est l'enfermement sous toutes ses formes, le fait de rester dans notre « zone de confort » quotidienne, pourtant bien inconfortable, l'acceptation passive de ton destin singulier. Ma grand-mère me répétait souvent : « La vie, c'est *mektoub*, le destin ! Va où tu veux, meurs où tu dois. » Et elle ajoutait très vite : « Mais tant qu'à faire, le plus tard possible. » J'espère faire tout ce qu'il faut pour que dans, ta vie à venir, tu puisses aller où tu le souhaites.

Après avoir passé les cols, nous roulons à même l'herbe rase, dans des étendues avec l'horizon, notre imagination, nos rêves pour seules limites. Nous croisons au gré de nos arrêts d'immenses troupeaux de yaks et de moutons. Plus de deux millions de têtes de bétail dans cette province. J'aime bien la signification du nom *khangaï*, littéralement « ce qui satisfait un besoin, un désir », utilisé en mongol pour définir des zones possédant un haut potentiel de pâturages et de sources abondantes. La satisfaction de mes besoins et désirs m'apparaît tout autre. La région fertile, de fait beaucoup plus habitée par les nomades, incarne le point d'orgue de ce projet un peu fou. Après mon envie de solitude : retrouver nos semblables, Paul, vivre aux côtés des hommes et des femmes, notre destin véritable.

Delgue, la maman de Saran, s'émeut toutefois de la diminution du cheptel. Ces paysages verdoyants qu'elle a si bien connus se vident progressivement des yourtes. Elle constate, navrée, l'abandon d'un mode de vie ancestral, mais d'une extrême dureté, notamment les trente dernières années, qui ont été marquées par les bouleversements climatiques. La faune abonde cependant à nos yeux. Les terres humides de l'Arkhangaï offrent un refuge de prédilection pour une grande variété d'oiseaux – des oies, des grues, et des rapaces de toutes sortes, buses, faucons, milans noirs, mais surtout vautours et aigles majestueux, les maîtres du ciel bleu.

Les vautours moines attirent particulièrement ton attention, parce qu'ils te font un peu peur. Je te comprends. Je suis moi-même à la fois fascinée et inquiète de leur vol plané circulaire au-dessus de nos têtes. Mais nous ne sommes pas leur centre d'intérêt. Ils se disputent la carcasse d'une vache tombée là. Leurs mouvements d'ailes amples et lents fendent l'air avec un bruit sourd. Certains, impassibles sur le sol, nous laissent le temps de les examiner. Tête petite et déplumée, ce qui leur vaut ce qualificatif de « moine », bec puissant, plumage sombre, allant du brun foncé vers le noir profond. Les vautours portent comme un fardeau leur réputation d'oiseaux lugubres. Il faut dire que ces charognards ont une envergure impressionnante qui atteint trois mètres pour les mâles adultes. Mais, comme tout être vivant, ils ont leur place et leur utilité dans le cycle de la vie, nettoyant les steppes des animaux morts, évitant ainsi la propagation d'épidémies. Tu les regardes arracher des lambeaux de chair de leur bec recourbé, laissant apparaître peu à peu l'ivoire d'un squelette. Spectacle violent mais naturel. « Hein, ils mangent les morts, Maman ? » J'ai envie de répondre que, finalement, nous aussi, mais je me retiens, car je crains de provoquer une phobie alimentaire qui serait problématique ici...

Le vrombissement de notre voiture qui démarre détourne un instant les vautours de leur tâche, ils prennent de la hauteur. Je nous imagine, filmés du ciel avec un drone qui nous survolerait tels ces oiseaux : notre convoi ressemblerait alors à un simple panache de poussière, petit point dans l'immensité de cet océan vert et ocre.

Dans la vallée verdoyante d'Ikh Tamir se dressent d'étranges blocs de pierre. Des prospections récentes, au début des années 2000, ont révélé que la province regorge de vestiges de l'âge de bronze. C'est une découverte pour moi. L'histoire de la Mongolie, si marquée par l'époque du puissant empire mongol de Gengis Khan, recèle en fait des secrets d'une identité beaucoup plus lointaine et complexe.

Chacun de ces monolithes peints arbore des motifs de cervidés, sans doute associés à un rite de passage dans l'au-delà. Des stèles funéraires, donc, dites « pierres à cerfs ». De nombreux pétroglyphes ornent également les affleurements de basaltes qui surplombent la vallée : représentations humaines, loups chassant chèvres et cerfs, scènes de chasse à l'arc. Voilà de quoi ajouter encore un peu de mysticisme à ce pays qui n'en manque pas.

Nous déambulons parmi les stèles, dans ce musée à ciel ouvert. Celui qui te convient le mieux. J'hésite à toucher la pierre du bout des doigts, de peur de dégrader trois mille ans d'histoire, de déranger l'âme qui repose sous cette terre. Et toi, Paul, naturellement, tu sautes à pieds joints sur un monolithe tombé au sol. Un groupe d'enfants des yourtes voisines nous a aperçus. Ils accourent, joyeux, nous entourent avec cette curiosité et cette joie de vivre qui semblent parfois manquer à notre jeune génération hyperconnectée. Je retrouve chez eux ton innocence, car ils ne craignent pas le contact physique : ils nous donnent spontanément la main. Leur visage est illuminé de larges sourires. Ils marchent avec nous au milieu des pierres, échangeant des remarques ponctuées de rires. Ils se groupent autour de moi pour poser devant des stèles. Toi, tu as déjà filé. Cette photo prise par Saran est l'une de mes préférées, l'une des rares sur laquelle je figure, et je trouve que j'y ai l'air heureux. Que l'on imagine cette scène transposée chez nous, nos enfants accourant à bras ouverts vers des étrangers, et fiers de poser à leurs côtés devant notre patrimoine historique et naturel…

Les jeunes nomades nous suivent en courant quelques mètres lorsque notre voiture redémarre, et bientôt nous les perdons de vue, gardant en mémoire leur sourire et les gestes de la main. Les lignes de crête s'éloignent à l'horizon, et le relief s'estompe. C'est une illusion d'optique : rien n'est plat. La région se trouve sur un plateau à plus de 2 000 mètres d'altitude. Évidemment, aucun panneau de direction nulle part ni de cartes routières. Je n'arrive pas à comprendre comment Bagui sait quelle piste suivre. Aucune n'est vraiment bien visible sur le sol, et toutes se croisent, s'entrelacent en un dédale incompréhensible.

Saran me dit : « Nous n'avons pas de panneaux routiers mais des panneaux vivants ! » C'est une expression mongole. Bagui n'hésite pas à demander de temps en temps le chemin aux différentes personnes que l'on croise, peu nombreuses évidemment. Il demande quel est l'état des pistes, se renseigne sur la météo des jours précédents... Mais les rencontres se font rares et, en l'occurrence, Bagui semble s'être trompé. Nous nous perdons. Enfin, c'est ce qu'il dit. Moi, que je regarde devant, derrière, à droite ou à gauche, je n'ai aucune idée de la direction à prendre. Je suis perpétuellement perdue, et je m'étonne du fait que toi, Paul, tu le supportes. Tu as ce sens de l'orientation hors norme dans notre environnement quotidien. Tu sais me dire en voiture s'il faut prendre telle route ou telle autre, alors que tu inverses toujours tes chaussures lorsque tu les enfiles. Ici, tu ne peux te raccrocher à aucun repère. Pourtant, de temps à autre, tu interviens : « Va à gauche, Bagui. » Mais à gauche de quoi, Paul ?

Pour couronner le tout, nous crevons. Bagui change rapidement la roue, mais nous allons rouler désormais sans filet… Un berger providentiel apparaît alors sur son cheval. Notre ami chauffeur échange quelques phrases et quelques gestes vagues, et nous voilà repartis. Ce pays impose le lâcher prise, sinon on crève de stress.

Un peu plus loin, la plaine se couvre des ramifications d'une rivière, une multitude de ruisseaux ont sculpté la terre en de jolies arabesques. Il nous faut traverser le bras principal. Je retiens mon souffle avec l'élan que prend la voiture. Les accotements sont raides et un peu marécageux. Nous sommes passés. J'expire… Puis passage d'un autre gué. Remonter la berge exige un brusque coup d'accélérateur. La voiture retombe lourdement de l'autre côté de la rivière dans un craquement sinistre.

Nous roulons encore quelques mètres, puis, plus rien… Tout le monde descend. Bagui se jette sous le véhicule. Nous avons cassé un essieu. Là, au milieu de nulle part. Nous sommes en panne. Je porte mon regard vers tous les points cardinaux et j'éclate de rire. Au sud, à l'est, au nord, à l'ouest : la steppe, l'horizon. Non, pas de panique. Une légère angoisse évidemment : mais je ressens les bénéfices des jours déjà passés auprès de mes compagnons de route qui, eux, sont d'un calme olympien, confiants, prenant simplement cette mésaventure comme un obstacle légitime à surmonter. Bien sûr, tu m'interroges mais une fois, une seule, ce qui est nouveau. « On fait quoi, là, Maman ? On repart quand ? » Que te répondre ? « La voiture est cassée. Bagui va essayer de réparer. Je ne sais pas quand on pourra repartir, mais pas de souci, on a une tente, à manger, de l'eau. » Tu entends ma réponse, et tu n'y reviens pas. Voilà, tu expérimentes ce que j'entendais par imprévu, et la perception différente du temps dans ce pays. Tu réagis merveilleusement bien. Si on ne peut pas réparer, nous pourrions rester coincés ici des jours entiers. Mais cela ne t'effleure pas. À croire que tu sais que Bagui est un homme extrêmement prévoyant.

Imperturbable, celui-ci vide le coffre, sort une pièce de rechange, son cric, et s'installe pour une durée indéterminée sous la voiture. Nous ne sommes d'aucune utilité, alors profitons, cueillons le jour qui se termine. Une lumière féerique joue avec les ondulations du relief. Des contrastes entre le bleu profond du ciel qui annonce la nuit et le vert devenant phosphorescent sous les rayons d'or de l'astre qui décline. C'est d'une beauté indicible.

Toi, Paul, tu vas jouer au bord de la rivière. Tu déranges un couple de grues. On les appelle

« demoiselles », proches cousines des grues cendrées que nous voyons souvent dans nos pâtures picardes. Celles-ci ont un plumage alternant le noir et le gris. Elles cherchent de la nourriture, fouillent de leur bec orange l'eau peu profonde. Une touffe de plumes blanches, tel un voile revêtu par coquetterie, pend en arrière de l'œil, rouge vif. Ces demoiselles aux longues pattes délicates semblent marcher avec précaution dans la vase, aux abords de la rivière, avec un mouvement saccadé du cou. Et je m'aperçois que tu les imites, levant haut à chaque pas tes jambes fines, tout en donnant un petit coup de tête. Mais tu t'approches trop. Nos voisines, offusquées de ton sans-gêne, poussent un cri puissant et s'envolent, cou et pattes tendus, depuis les berges vers le soleil couchant. Voilà le luxe absolu, la contemplation du vol gracieux de ces oiseaux dans le ciel pur. Nous cueillons le jour, Paul, la minute, la seconde, l'instant.

Bagui œuvre toujours. Je commence à me demander s'il nous faut dresser la tente ici. Et je pense aux possibles rencontres nocturnes. Les loups sont présents sur tout le territoire mongol. Nous ne sommes pas sous la protection des chiens d'une yourte, il faudrait nous rapprocher d'une famille.

Mais un bruit de moteur me sort de ces réflexions. Au loin, dans un nuage de poussière dorée, tel un mirage, un jeune nomade sur sa moto apparaît. Il s'arrête, fait les salutations d'usage sort une tabatière de l'intérieur de sa veste et échange un peu de ce tabac à priser avec Bagui. Enfin, il s'allonge au sol au côté de notre ami. Il l'aide pour les dernières réparations. Il nous apprend qu'à une heure de route se trouve un petit hôtel de steppe dans le village d'Erdenemendal. Et nous communique son identifiant Facebook... Ici aussi – c'est fou ! Puis il nous fait un magnifique sourire et repart comme il est venu.

Avec un soulagement que je ne peux nier, nous repartons à la nuit tombée et trouvons cet hôtel dont le jeune berger a parlé. Dans la chambre que nous partageons, je ressens toutefois un peu de ton inquiétude vécue aujourd'hui : bien qu'il y ait deux lits, tu viens me rejoindre pour finir la nuit.

Le lendemain, nous replions rapidement bagage. Bagui prend le temps toutefois de faire vérifier sa réparation de fortune. Eh oui, à Erdenemendal, quelques maisons bien entretenues, une épicerie, un hôtel – et un garagiste ! Nous sommes attendus. D'un jour à l'autre.

Saran n'a évidemment pu donner qu'une date approximative pour notre arrivée. Mais nous touchons au but.

À une trentaine de kilomètres de la capitale de l'aïmag, Tsetserleg, je retrouve le campement que j'ai quitté il y a si longtemps – le temps d'avant, celui de la jeunesse, de l'insouciance, de la légèreté. Au détour d'une colline, nous apercevons au bord d'un petit lac un groupement de cinq yourtes. Des troupeaux paissent tranquillement sur les versants de la colline voisine dont le sommet est couvert d'une forêt de mélèzes. Le même paysage familier que celui immortalisé sur les photos de mon album, de l'époque préhistorique de la pellicule. Que de chemin parcouru et, ici, rien ne semble avoir bougé. Cette sensation est réconfortante, proche de celle que j'éprouve lorsque je me promène sur la plage de mon enfance. Mes lieux de bonheur.

Nous arrivons dans l'ail, dont le chef de clan est la grand-tante de Saran, Niamsuren. Je la vois sortir et venir à notre rencontre au bruit de la voiture. Elle n'a pas changé, elle est encore alerte. J'ai simplement l'impression qu'elle est plus petite que dans mon souvenir, un peu tassée par le poids des ans. Cette femme incroyable dirige son monde fermement, avec sagesse, et humour. J'approche mon visage, qu'elle prend de ses deux mains aux doigts noués. Elle a les joues douces et le regard lumineux. On s'observe, silencieuses. Je vois les rides qui ont creusé des sillons autour de ses yeux. Je la trouve belle. Elle me remercie d'être revenue la voir après tout ce temps, et me renifle en souriant – c'est la façon des Mongols de vous saluer. Je ressens cette coutume comme le signe de l'alchimie qu'ils ont avec la nature, le rapport animal aux êtres et au monde. J'ai l'impression aussi qu'elle veut respirer mon âme, en percer les mystères.

Toi, Paul, tu te montres plus prosaïque lorsqu'elle te salue de la même manière : « Pourquoi elle me renifle, Maman ? Je suis pas un chien... » Voilà bien l'expression d'une des caractéristiques de l'autisme : l'absence de filtre, l'ignorance des conventions sociales, et pas de mensonge. Ce que tu penses, vois ou entends, tu le dis sans atermoiement. Comme cette fois, chez le dentiste – une épreuve de force –, où tu as déclaré, en guise de bonjour à la secrétaire de l'accueil qu'elle avait vraiment des dents pourries...

Chez Niamsuren, en l'absence de langue commune, on oublie les conventions sociales. Ou bien il faudrait en adopter d'autres, dont, de toute façon, tu ignores tout. De multiples difficultés d'insertion dans notre quotidien en France sont évidemment liées à ton absence de maîtrise du langage. Difficile de l'accepter pour moi qui aime tant la littérature, les subtilités du vocabulaire, les complexités grammaticales. Mais force est de constater qu'ici, ne plus être dans l'argumentation, l'expression de pensées tortueuses, les joutes verbales souvent stériles me repose. Et pour autant nous communiquons. Il faut croire qu'il émane de nous, au-delà de la langue, quelque chose que je ne sais définir.

Ta spontanéité crée aussi des situations cocasses. Comme ce petit jeu que tu as appris avant de partir, celui du « j'ai attrapé ton nez », et qui consiste à coincer le pouce entre l'index et le majeur. Tu fais la blague à tout le monde indifféremment, en éclatant de rire. J'apprendrai juste avant notre départ que ce geste de la main équivaut pour les Mongols à un majeur agressivement dressé... Nos hôtes font heureusement tous preuve de souplesse et d'ouverture d'esprit sur nos différences culturelles.

Tu as ce sens de l'humour particulier, un peu « tarte à la crème », qui forcément repose sur la gestuelle, la pantomime. À la maison, tu apprécies les films de Chaplin, tu réclames très souvent les « vidéos de gens qui tombent ». On glose beaucoup sur le prétendu défaut d'empathie des autistes. Il me semble que c'est en lien avec cette ignorance des conventions sociales qui fait que les personnes avec autisme expriment spontanément des ressentis qui peuvent être blessants. Pour autant, j'ai le sentiment que tu perçois certaines émotions, parfois même mieux que tes frères. Plus petit, tu éprouvais des difficultés à les interpréter, ou à y répondre de façon appropriée. Tu développes progressivement ces compétences au contact des autres enfants à l'école. Bien sûr, il t'arrive encore d'éclater de rire devant quelqu'un qui est en colère, ou de ne pas saisir l'agacement ou la gêne face à tes gestes de tendresse débordante. Mais tu peux aujourd'hui me raconter les petites disputes dans la classe, le chagrin d'un copain. Et tu sembles souvent lire en moi comme dans un livre ouvert. Tu perçois mes états d'âme. Mes sourires forcés, ceux qui masquent mes failles, ne te dupent pas. J'entends ma grand-mère qui me disait que sourire est une élégance morale. Mais point d'élégance morale pour toi, mes sourires ne doivent pas sonner faux. Lorsque c'est le cas, tu mets tes deux petits pouces aux commissures de mes lèvres que doucement tu essaies de relever : « Sois pas triste, Maman. »

Une yourte nous est prêtée, celle d'un jeune couple, de futurs mariés qui doivent s'installer dans l'ail d'ici quelques semaines. Tout est neuf, fraîchement peint, la structure de mélèze est couverte des motifs bariolés traditionnels. Je veille à ce que tu n'abîmes rien, toi qui es un véritable brise-fer à la maison.

Niamsuren me rappelle ma propre grand-mère, elle vit entourée de plusieurs de ses enfants et petits-enfants, quatre familles qui forment cette communauté. Tout le monde défile sous la yourte de la matriarche pour nous saluer. On nous a fait asseoir à l'est, et un bol d'airak, le lait de jument fermentée, circule. Ça entre, ça sort, ça cause, ça rit. Une agitation pleine de vie qui n'est pas pour te déplaire. Et puis, bien sûr, très vite : « On mange quoi, Maman ? » Pour fêter notre arrivée, c'est jour de *khorkhog*, le barbecue mongol. Pratiquer le végétarisme, ici, serait une gageure, voire mission impossible. Les familles nomades vivent grâce à leur bétail en quasi-autosubsistance, et ce depuis des siècles. Le bétail est leur bien le plus précieux, et le sacrifice d'un mouton en notre honneur représente un don d'une grande générosité.

Je m'oblige à assister à la mise à mort. Les nomades ne veulent pas souiller la terre avec le sang de l'animal ni le faire souffrir. Une fois que celui-ci est maintenu au sol, on fait une incision sur son abdomen, et on introduit le bras presque jusqu'au coude pour atteindre l'aorte, la comprimer, et faire mourir ainsi l'animal. Le geste, très rapide, est impressionnant. Toi, tu es parti voir les poulains, et je pense que c'est mieux ainsi. Les hommes commencent à dépecer, puis découper. Tout sera utilisé, de la fourrure jusqu'aux osselets – qui sont le jeu traditionnel des enfants.

Pour la cuisson, les nomades placent de grosses pierres dans le foyer du poêle. Celles-ci, chauffées à même le feu, sont ajoutées ensuite à la viande, avec des oignons, du chou, des pommes de terre, dans une marmite fermée hermétiquement à l'aide d'un tissu. Les abats ont été recueillis pour fabriquer du boudin, qui sera bouilli. C'est un met de choix dans la culture mongole.

Il fait chaud, et nous sommes assis en cercle lorsque le large plat en fer plein de morceaux de viande et de viscères fumants est posé au centre. Nous sommes les invités, et nous devons donc nous servir en premier. Tu fais honneur à nos hôtes, d'autant plus que tu peux manger avec les doigts, habitude contre laquelle je me bats au quotidien. Autre lieu, autres mœurs. Je te suis reconnaissante de l'appétit que tu manifestes et qui ravit Niamsuren. C'est un plat de fête que tout le clan partage avec nous – mais aussi un aigle, qui vient à plusieurs reprises subtiliser quelques restes. Il survole le campement en tournoyant, puis, soudainement, plonge pour saisir de ses serres puissantes un os jeté plus loin. Cet aigle des steppes, identifiable aux taches rousses sur sa nuque et à son bec robuste, gris liseré de jaune, deviendra un compagnon familier au cours des quelques jours que nous allons passer ici, rappelant parfois sa présence d'un cri strident déchirant l'air pur. L'observation de ses ballets aériens va constituer l'un de mes passe-temps favoris.

Tu ne sais plus où donner de la tête. Nous sommes entourés d'animaux d'élevage emblématiques, souvent décrits sous le terme « cinq museaux » – auxquels on peut ajouter les troupeaux de rennes que nous avons vus dans le nord du pays. Cette classification illustre bien le fonctionnement du pastoralisme nomade : d'une part, les « museaux chauds », moins sensibles au froid (chevaux, moutons) et les « museaux froids », plus fragiles face aux températures extrêmes (chèvres, bovins, chameaux); d'autre part, les « pattes longues » (chevaux, chameaux) et les « pattes courtes » (moutons, chèvres et bovins). Ainsi, la notion de pattes permet de distinguer les animaux qui vont pâturer plus loin des animaux qui pâturent à proximité du campement. Seuls sont entravés les plus jeunes, lorsque approche l'heure de la traite – veaux et jeunes yacks dans des enclos à proximité des yourtes, poulains attachés à une longe au bord du lac.

Les juments qui câlinent leurs petits attirent aussitôt ton attention. Mais nous n'avons pas affaire ici aux poneys dociles de ton club équestre ! Les étalons et les juments de cet élevage vivent en liberté, leurs réactions sont celles d'animaux sauvages, imprévisibles. Les hommes du clan se positionnent très vite en protecteurs à ton égard, car ils voient l'attrait qu'exercent sur toi les chevaux ; tu cours en permanence vers eux pour les toucher. Torgo, un adolescent cousin de Saran, fait un barrage amical de son bras lorsqu'il te voit approcher un peu trop près. Et nous assistons à une séance de dressage qui a le mérite de calmer tes ardeurs. En cercle, juchés sur les planches de bois qui ferment le corral, hommes, femmes et enfants observent l'un des hommes qui a attrapé avec sa urga, longue perche munie d'un lasso, un jeune étalon. Je crois que tu n'imaginais pas le premier contact avec l'animal aussi rude. Le fougueux cheval défend chèrement sa liberté, se cabre violemment au contact du cavalier sur son échine. Finalement libéré, dans un nuage de poussière dorée, il part au galop en hennissant, suivi des autres mâles.

Le jour décline doucement et, après la traite, nous nous réunissons nombreux sous la tente ronde de Niamsuren. J'y retrouve les cousines de Saran, notamment Narantsegtseg, qui m'avait hébergée il y a si longtemps. Assise sur un petit tabouret orange couvert de motifs bariolés, je reste songeuse quant à la symbolique de cette habitation millénaire. La porte de la yourte est une ouverture sur le monde : jamais fermée à clé, elle accueille le visiteur étranger impromptu comme l'ami ou la famille. Nul besoin d'écran, elle permet de contempler la vie des troupeaux. En cette fin de journée, nos visages sont éclairés par une lumière vacillante, et nous partageons quelques instants de plénitude, assis en cercle, au chaud dans ce giron maternel, écoutant des chansons dont nous ne comprenons pas le sens, mais dont nous ressentons pleinement l'émotion. Parmi les voix qui s'élèvent, je perçois celle un peu éraillée de Niamsuren. C'est elle, certainement, qui a transmis à ces enfants et petits-enfants les chants traditionnels qui viennent du fond des steppes. Entendre une grand-mère chanter, c'est toujours émouvant.

Lycéenne, j'ai aimé vivre aux côtés de ma grand-mère maternelle. Elle m'a notamment appris à ne jamais baisser les bras, quels que soient les obstacles. Je l'entends encore se sermonner à voix haute, lorsque, déjà âgée et malade, elle était tentée de rester assise dans son fauteuil : « Allez, ma fille, du courage ! Retrousse tes manches ! » Je suis si heureuse que tes frères et toi, Paul, ayez ce lien particulier avec ma propre mère, votre grand-mère fantasque, généreuse et tolérante.

Je me souviens de la réaction horrifiée des parents de Saran, en visite en France, apprenant l'existence de maisons de retraite qui, parfois, ressemblent à des mouroirs. Les Mongols prennent un soin immense de leurs anciens, qui vivent dans leur famille jusqu'au bout. J'observe cette assemblée mêlant hommes, femmes, enfants de tous âges, toi au milieu, Paul, et je me sens alors si sereine. Nous nous quittons enfin pour aller nous coucher. Le futur marié, attentionné, a disposé d'épais tapis dans notre abri pour que nous puissions nous allonger. Le *toono*, l'ouverture circulaire et clé de voûte de la yourte, laisse passer le tuyau du poêle central. Couchée sur le plancher de la *ger*[1], foyer doux et chaud, je regarde à travers l'ouverture du toit le ciel étoilé. À l'intérieur et à l'extérieur en même temps, l'homme est toujours en harmonie avec la nature. Tout est conçu pour ne faire qu'un avec le monde qui nous entoure. Je m'endors paisiblement, à tes côtés. Sur tes lèvres, un petit sourire béat. Tout est à sa place. Ne changeons plus rien.

1. C'est le mot mongol désignant la yourte.

Je me réveille reposée, enthousiaste à l'idée de partager les tâches quotidiennes, les jeux, les repas. Tu as vite intégré le fonctionnement de la communauté et les coutumes, notamment le fait que l'on puisse entrer dans une yourte sans frapper et que, dès que tu y entres, on t'offre à boire et à manger. Tu fais donc un circuit de tente en tente. Je te vois entrer, sortir, entrer de nouveau, rejoindre la famille voisine, et ainsi de suite. Je crois que tu manges toute la journée. Petit trublion qui vient déranger gentiment la quiétude du campement. Ici, je te perds de vue, et je dois visiter chaque foyer pour te trouver finalement, confortablement installé sur une banquette près d'un poêle, un gâteau à la main. Je décide de ne plus m'attacher telle une ombre à chacun de tes pas. Mon obsession de la sécurité au cœur d'une nature pourtant sauvage s'éloigne. Je fais une confiance instinctive à tous ces gens qui te protègent et me relaient. Temulin, le fils de Bold et de Narantsegtseg, qui a 8 ans, t'accompagne partout. Toi et moi ne sommes plus collés l'un à l'autre. Et cela me soulage, je me sens soudain libre de mon temps et de mes gestes. Le sentiment étrange de chaînes qui tombent. Un répit. Je ne peux m'empêcher de me demander si cela sera possible à terme. Toi, adulte, autonome.

Sous la yourte de Narantsegtseg, j'assiste à la fabrication de l'*urum*, une crème fraîche mongole que l'on consomme souvent au petit déjeuner avec des *boortsog*, des biscuits frits. Narantsegtseg m'apprend comment préparer le fromage frais à base de lait de jument, l'*aruul*, et comment le découper à l'aide d'un fil. Les tranches, d'un blanc immaculé, sont ensuite disposées devant la yourte, sur un treillage en bois, pour sécher au soleil. Les femmes nomades constituent ainsi une réserve de fromage sec nourrissant pour tout l'hiver.

Il y a une sorte de communion silencieuse dans ces actes de la vie quotidienne : Narantsegtseg est heureuse de me montrer les gestes simples, séculaires, qui suscitent chez moi tant d'enthousiasme. On parle peu, on se regarde, et l'on sourit. Elle chantonne parfois ces petits airs mongols doux et apaisants. Nous allons aussi préparer entre femmes le repas du soir, un plat typique, des *buuz*, chaussons farcis de viande. Les raviolis en Mongolie se déclinent selon leur mode de cuisson. Frits, on les nomme *khuushuur*, à la vapeur, ce sont les *buuz*, et lorsqu'ils sont bouillis, on les appelle *bansh*. Les femmes rivalisent d'inventivité pour leur donner des formes gracieuses et variées : petits croissants de lune, fleurs, chaussons torsadés. Toutes ensembles, nous émincons, mélangeons, pétrissons, moi auditrice passive des chuchotements. J'expérimente le fait d'être à l'écart de ce qui se dit tout en étant intégrée à ce qui se fait. Cela me satisfait pleinement, j'imagine alors que tu n'es pas malheureux de ton côté lorsque tu restes hermétique à une conversation en cours.

Les repas que nous prenons ici sont tous des moments de partage, et le résultat d'un travail collectif. J'ai perdu ces dernières années le goût de cuisiner, alors que cela faisait partie de mon histoire, de mon identité. Passer des heures à préparer un repas comme le faisaient mes grands-mères, mes tantes, ma maman, dans l'idée de ravir les convives et de vivre un temps de plaisir et de discussion m'a toujours procuré une vive satisfaction. Mais la course contre la montre permanente, ton incapacité à rester assis et ton mode d'alimentation complexe ont rendu les repas conflictuels et douloureux. Et il manque désormais quelqu'un à notre table familiale. Manger s'est progressivement apparenté à un acte mécanique vide de sens.

Pour les familles d'enfants autistes, c'est une problématique réelle, pesante au quotidien, car, souvent, des particularités sensorielles, des rituels ou encore des comportements restrictifs affectent le rapport à la nourriture. Certains enfants peuvent refuser de manger des aliments spécifiques selon l'odeur, la texture, la couleur. D'autres refusent simplement parce qu'ils n'ont jamais essayé avant. En outre, ces difficultés peuvent entraîner des carences nutritionnelles et conduire à une perte de poids, à la malnutrition, à une croissance insuffisante. Comprendre que tes particularités alimentaires n'ont rien à voir avec un caprice ou une tentative de manipulation n'a pas été chose aisée, car ce n'est pas comme cela que j'ai été éduquée : on mange à table et ce qu'il y a dans l'assiette, point.

Le bilan orthophonique réalisé pour ton diagnostic avait permis d'identifier une hyposensibilité de la sphère buccale. C'est pourquoi tu mâches très peu ta nourriture. Tu l'ingurgites, vite, en grosses bouchées, et tu éprouves des difficultés à ressentir la satiété. Tu remplis tant que tu peux ton estomac des aliments pour lesquels tu as une appétence particulière, notamment s'ils sont sucrés. Je dois ainsi prévenir, lorsque tu es invité à un anniversaire, car il t'est déjà arrivé d'avaler de grandes quantités de bonbons jusqu'à vomir. À la maison, je dois surveiller ton accès à la cuisine et mettre hors d'atteinte certains aliments : tu te sers mécaniquement dans le réfrigérateur et les placards à toute heure du jour.

Tu tiens aussi peu de temps assis à table, si bien que, lorsque tu étais plus petit, je devais t'attacher à ton siège avec une ceinture. Avec le diagnostic, je me suis aussi posé la question de l'adaptation de ton régime alimentaire. Certains enfants autistes ont des problèmes gastro-intestinaux et des allergies. Ce n'est pas ton cas, mais des recherches récentes menées par des scientifiques de l'Institut de technologie de Californie semblent faire un lien entre troubles autistiques et des altérations du microbiote intestinal. Même si tu n'as pas d'intolérance, j'ai essayé de réduire la part de gluten et de lactose – une piste parmi d'autres –, dans l'espoir d'améliorer tes capacités cognitives. Cela s'est vite avéré extrêmement contraignant, et j'ai peu à peu lâché. Ici, en Mongolie, la question ne se pose même plus : les nomades se nourrissent essentiellement de produits laitiers, et le gluten est présent dans les nouilles des soupes quasi quotidiennes ou la pâte des raviolis. J'essaie de m'assurer que tu te nourris correctement, mais je ne veux plus faire la guerre à chaque repas.

Les jours se suivent à ce rythme dicté par la vie du bétail. Le matin, après la traite, les troupeaux s'éloignent pour aller pâturer. En fin de journée, chevaux et yacks se regroupent aux abords du lac et s'y abreuvent longuement. Moutons et chèvres sont ramenés par les bergers dans un concert de bêlements.

J'ai rangé ma montre au fond du sac. Tout est si paisible. Le mode de vie nomade oblige à la simplicité : peu de possessions matérielles. Dans un climat, un environnement très rudes, l'existence est précaire. Des relations personnelles fortes se tissent avec la famille, la communauté, et aussi avec les troupeaux. L'odeur prégnante du monde animal envahit tout.

L'activité principale consiste à préparer l'airak ou *koumis* ; cette boisson estivale est un des symboles de la culture mongole. Le lait de jument, mousseux et fumant, est versé deux fois par jour dans l'outre en peau qui se trouve à gauche en entrant sous la yourte. Il faut battre le lait pour enclencher le processus de fermentation. À tour de rôle, nous barattons jusqu'à ce que le bras nous fasse mal. Ton geste n'est pas très académique, mais cela t'amuse beaucoup. Bientôt, l'airak sera piquant, presque pétillant, et légèrement alcoolisé. On lui prête des vertus thérapeutiques, il contient de nombreuses vitamines, mais son goût puissant et acide ne t'enthousiasme pas vraiment, contrairement au thé au lait, que tu consommes sans difficulté.

Les jeunes animaux sont regroupés dans un enclos à proximité de la yourte, dans lequel tu passes une bonne partie de tes journées. C'est un formidable terrain d'exploration sensorielle : tu veux toucher, caresser, sentir. Je te vois, patient, tendre la main vers le museau des veaux et des agneaux, et ceux-ci, bien que méfiants, finissent par venir te toucher, et même parfois te lécher d'un coup de langue râpeuse. L'humidité soudaine sur ta peau te surprend. Tu essuies ta main, et puis tu recommences encore, et encore… Tu ritualises. Je le vois, ton autisme, ta nature, elle est là. Cela ne gêne personne, et tu sembles si calme.

Un peu à l'écart, Narantsegtseg prend soin d'un bébé yack qui a de la fièvre. Elle chantonne, l'entoure d'encens, lui caresse la tête dans un geste quasi maternel. Les Mongols ont un lien étrange avec les animaux, une capacité à communiquer avec eux par quelques onomatopées, qui n'en finit pas de me surprendre. Ils leur parlent, crient « *Tchou* ! » pour lancer leur monture au galop, chantent à l'oreille des juments pour qu'elles donnent du lait… Et j'ai l'impression que tu as ce don, Paul. Les éleveurs s'étonnent de te voir caresser tranquillement la tête d'une vache qui ne se laisse d'ordinaire jamais approcher. Je n'ai pu que constater ces dernières années les bienfaits du contact avec les animaux. Toi, parfois si instable, tu te calmes pour approcher un poney ou un chien. Que perçoivent-ils de toi pour toujours accepter ta présence ? C'est un mystère.

À l'heure de la traite, nous sommes à notre poste d'observation. Les cousines de Saran font venir les petits sous leurs mères. Ils commencent à téter pour activer la montée de lait, puis les nomades leur retirent la mamelle de la bouche et les éloignent. Elles traient ensuite avec dextérité. Je les admire, ces femmes incroyablement belles sans artifices, qui accomplissent par tous les temps, sans répit, leurs tâches quotidiennes. Leur vie est dure, et leur sourire lumineux. Elles restent néanmoins coquettes, apprécient de porter une paire de boucles d'oreilles ou un deel de soie, même pour travailler.

Narantsegseg propose de nous initier à la traite. Assis sur un petit tabouret de bois, mon fils, tu sembles perplexe, si frêle au côté d'une *dri*[1]. Narantsegseg guide tes doigts jusqu'aux pis du placide animal. Ses mains sur les tiennes, qui tremblent un peu, elle te donne l'impulsion. Après quelques tentatives, je vois ton visage qui s'illumine. Le lait gicle et mousse au fond du seau en fer. « Maman, il y a du lait ! » Tu es fier. Je repense à ses heures passées en psychomotricité et en ergothérapie, à ces gens qui me disaient que tu

1. La femelle yack.

ne saurais jamais tenir un crayon ni boutonner ta chemise. Mon fils, tu ne sais peut-être pas encore nouer tes lacets, mais tu sais traire une vache en Mongolie !

J'ai adoré une nuit de tempête passée sous la yourte, le vent, la pluie, la foudre, et nous deux tapis sous notre tente de feutre... Je retrouve ici des émotions de mon enfance. J'ai passé une après-midi à jouer au volley-ball avec les jeunes du campement, dans cet immense terrain de jeux qu'est la steppe, courant, riant, légère comme une adolescente. Toi, Paul, tu reviens à tes obsessions, tu veux monter à cheval, tout le temps. Tu demandes donc en boucle – dix fois, vingt fois, cent fois. « Et après, je fais une balade à cheval ? » Tu poses la question indifféremment à tous ceux que tu croises, si bien que les Mongols apprennent rapidement un mot de français : « cheval » ! Ils ont perçu ton étrangeté et se montrent patients, souriants, protecteurs.

Mais les étalons du troupeau sont très nerveux. Une nuit, les loups les ont encerclés et ont attaqué un poulain. Le lendemain, nous retrouvons celui-ci avec une large blessure à la cuisse. Les hommes le soignent en espérant qu'il s'en sorte. Tu ouvres de grands yeux en découvrant sur le poil blanc du jeune animal une longue traînée de sang : « Il y a des loups ici, Maman ? » C'est étrange de te voir réaliser que cette bête dont on entretient la peur primale chez tous les enfants à travers des histoires existe bien en chair et en os. Oui, mon fils, nous ne sommes pas dans un livre de contes, nous sommes au cœur de la nature sauvage. De vrais loups vivent là, dans ces forêts, tout proches. Je frissonne, mais j'aime aussi me sentir fragile ; le lien avec la communauté n'en est que plus fort.

Torgo t'emmène chaque jour faire une balade à cheval, mais, pour que tu puisses monter seul, nous allons rendre visite à une famille nomade à quelques kilomètres du campement. Leurs étalons sont plus calmes et habitués à être montés. Tu vis un après-midi de rêve, chevauchant seul dans la steppe. Je te suis et te regarde avancer vers l'horizon, bien installé sur ta selle, petit homme fier et confiant. Je trouve cela merveilleux.

Nos enfants pensent plaisir et loisir pour s'occuper. Les enfants mongols sont responsabilisés très tôt, et chacun a un rôle spécifique qui lui est confié. De retour au campement, j'observe le jeune Temulin accomplir consciencieusement son travail quotidien. Je suis sidérée de le voir fendre les bûches d'un tas de bois plus haut que lui à grands coups de hache. Puis, lorsque le jour baisse, il regroupe les chèvres et les moutons qui, la journée, paissent librement. Il les enferme dans un enclos près de la yourte, pour les protéger des attaques nocturnes des loups. Je surprends les gestes de tendresse furtifs, pudiques, qu'il échange avec sa mère. Et son sourire enfantin devant les bulles de savon que nous soufflons ensemble, qui s'envolent vers le ciel.

C'est un adorable compagnon de jeu pour toi. Il t'initie à la lutte, mais, mon petit Français, tu ne fais pas le poids même si tu as deux ans de plus que lui. Temulin te met à terre quatre ou cinq fois de suite. Hilare, tu le regardes célébrer sa victoire en se frappant les cuisses et en effectuant la danse de l'aigle, le rituel des lutteurs mongols. Et, tout à coup, tu te mets à courir en ouvrant tes bras comme des ailes. J'envie parfois cette liberté de comportement que tu as, même si ce n'est pas conscient de ta part : danser, sauter, courir en agitant les bras, rire aux éclats pour tout et n'importe quoi.

Ce qui peut te faire souffrir, c'est la réaction des autres en retour, ceux qui sont empêtrés dans le « il faut que », « on n'a pas le droit de ». Je crois que c'est Hugo Horiot, écrivain, acteur, autiste, qui a eu cette phrase : « On ne souffre pas d'autisme. Autiste, on l'est ou ne l'est pas. On souffre du regard des autres. » C'est exactement cela. Que voient de nous les gens qui nous accueillent ici ? Que pensent-ils de cette mère seule si loin de chez elle avec un de ses enfants à la douce étrangeté ? Si ces questions me taraudent – un peu –, il semble que mes hôtes n'en ont cure. À aucun moment je n'ai ressenti de regards pesants, inquisiteurs ou moralisateurs.

En fin de journée, Narantsegtseg m'invite à partager un bol d'airak sous sa yourte, entre femmes. Grâce à la traduction simultanée de Saran, nous pouvons échanger de façon plus intime. Elle pense que Paul est fait pour la vie nomade, qu'il est libre, qu'il a l'air heureux. Elle se souvient très bien de ce moment que nous avions partagé il y a des années, de cette soirée sous le ciel étoilé autour d'un immense feu, des chansons que j'avais chantées. Elle m'avait pris par la main pour m'attirer sous sa yourte, avait plongé dans un coffre coloré pour en sortir des bois de cerf que son mari avait ramenés de la chasse, un porte-bonheur. Elle me les avait offerts des deux mains tendues, pour me remercier et me souhaiter un beau parcours de vie. Nous avions 20 ans. Je n'ai pas oublié. Non, je n'ai rien oublié. Je dois me souvenir des belles choses.

Elle voit de la mélancolie dans mon regard et me demande ce qui s'est passé ces années écoulées. Et là, bêtement, je ne sais que me mettre à pleurer, mon bol de lait à la main. Plus besoin de parler, elle me prend doucement la main. Le cœur d'une femme qui parle à celui d'une autre femme, le cœur d'une mère à celui d'une mère...

Demain, il faudra partir. Il vient de pleuvoir, et il monte de la steppe la douce odeur de la terre abreuvée par l'averse. Je regarde ce ciel somptueux, j'inspire à pleins poumons l'air ambiant, je savoure ce calme ponctué du rire des enfants, du hennissement d'un cheval. Les femmes préparent le repas du soir dans la lumière du crépuscule d'été.

Ce n'est pas notre réalité, Paul, mais c'est une réalité qui existe sur cette terre, et cela fait du bien de penser qu'elle est. Nous vivons une époque difficile, incertaine. Le terrorisme nous a fait plonger dans des abîmes d'effroi, les changements climatiques nous menacent, la xénophobie, l'intolérance et la violence qui l'accompagne, sous toutes ses formes, gangrènent nos sociétés. Ces dernières années et ton handicap ont souvent mis à mal ma confiance en l'être humain. Et, pourtant, le monde est beau, et l'humanité est belle. Comme l'écrit si justement un poète lisboète dont j'ai oublié le nom : « Ne t'habitue pas trop à la beauté, le monde n'est pas ainsi fait. Mais ne t'habitue pas trop non plus à la laideur, le monde n'est pas ainsi fait. »

Un fleuve d'hospitalité coule dans les veines du peuple mongol. Ce sens inné de l'accueil témoigne du respect de valeurs ancestrales. Ces familles qui nous ont hébergés ne nous ont pas « invités », mais nous ont ouvert la porte et acceptés comme des membres à part entière de leur foyer. Les images des gestes de tendresse que chaque personne du clan a manifestés pour toi, Paul, au moment du départ, resteront gravées dans ma mémoire. Et, de tous, je garderai la certitude d'une compréhension universelle de l'amour fou que je te porte. Cet amour qui est ma vulnérabilité et une force immense. Ici bat le cœur de la Mongolie, ici de battre mon cœur a continué…

10
QUAND JE SERAI GRAND, JE SERAI PLUS AUTISTE

Dans la voiture, j'ai l'impression de quitter le campement comme au ralenti. Il y a tant de mots qui peuvent aussi se dire d'un geste de la main, dans un regard, un sourire. Arrêt sur image : je fixe ces yourtes posées au bord du petit lac ceint de collines, l'ovoo de bois, les troupeaux… Puis, sans tristesse, profondément reconnaissante, je laisse derrière moi la famille de Niamsuren. La vie suit son cours, pour eux que j'imagine vaquer à leurs occupations, pour toi et moi, Paul, dans ce long voyage vers l'avenir. Mais cette parenthèse a été magnifique. Tu manifestes ton émotion en répétant l'envie furieuse de revenir à cet endroit précis avec tes frères. Qui sait, mon fils, qui sait ?

Nous roulons silencieux vers Karakorum. Je suis envahie de gratitude. Je pense à ces gens qui nous ont accueillis, à ceux qui nous aident au quotidien, à mes chers disparus, à mes fils… Toutes ces pièces du puzzle qui, progressivement, s'assemblent, et qui révèlent un dessin que je commence à trouver harmonieux, cohérent.

Nous traversons le bassin de la rivière Orkhon. Il a abrité les cultures nomades successives qui, dès la préhistoire, s'y sont développées. Cadre séculaire d'activités politiques, commerciales, culturelles et religieuses majeures des empires nomades, cette vallée classée au patrimoine mondial de l'Unesco fut un carrefour de civilisations, reliant l'Orient et l'Occident à travers l'immense continent eurasien. C'est une belle façon de terminer notre périple, de boucler la boucle.

Nous allons visiter le monastère bouddhiste de la ville, Erdene Zu Khiid, construit sur les ruines de l'ancienne capitale impériale. Gengis Khan avait choisi ce site au milieu des steppes vallonnées et verdoyantes pour établir le lieu symbole de sa puissance. Plus tard, lorsque le bouddhisme tibétain s'est mêlé au chamanisme ancestral, Erdene Zu, les « cent trésors », est devenu, au XVIe siècle, un lieu de culte et de formation pour les lamas. Il a été très endommagé lors des purges staliniennes, et le monastère ne compte plus que trois temples ceints d'une muraille blanche. Je me souviens de cet éclat blanc au milieu des steppes, de l'aura mystique de ce lieu, il y a vingt ans. Mon enthousiasme est tempéré par la présence aujourd'hui de nombreux touristes et le développement inévitable des commerces autour des murailles. Tout a changé, la ville s'est étendue. Je ressens le privilège d'avoir vécu la découverte de ces endroits vierges de l'afflux touristique. On retrouve déjà ici, prémices du retour à Oulan-Bator, l'agitation du monde en même temps que notre statut d'étrangers.

J'achète une icône religieuse, l'image du bouddha de mon année de naissance. C'est drôle, il a des caractéristiques féminines, une poitrine. Oui, on dirait bien une femme à la peau bleue... En position assise, mon bouddha tient devant son ventre sa main gauche dans laquelle une fleur est en train d'éclore. La main droite est sur le genou, ouverte face à celui qui la regarde, représentation symbolique du don de soi. Le vendeur m'explique en anglais qu'il s'agit de Locana, la parèdre d'Akshobhya, le bouddha bleu foncé. Son nom signifie « celle qui a une vision claire » ou, littéralement, « celle qui a l'œil ». En tibétain, son nom est traduit par la « dame qui a l'œil de bouddha ». Elle est l'incarnation de la prise de conscience pure, simple et directe des choses. Ce bel idéal ne correspond pas à ce que j'ai vécu; comprendre le sens de notre parcours, Paul, n'a jamais été ni simple ni direct. Locana m'accompagnera cependant de son regard paisible lors de mon travail d'écriture, les mois qui suivront.

Devant l'entrée du monastère, je suis gênée d'observer un aigle attaché à une chaîne pour que les touristes puissent poser à ses côtés. Je revois l'aigle libre et majestueux qui a accompagné notre séjour chez Niamsuren. Mais Karakorum reste un lieu particulier, cher à ma mémoire. Je ne peux résister à l'envie de partager avec toi, mon Paul, une anecdote, quelque chose que j'ai vécu lors de mon premier voyage.

Écoute. Nous sommes en août 1999.

« J'étais là ?

– Non, Paul, tu n'étais pas encore né, tu n'étais même pas dans mon ventre

– J'étais où, Maman ?

– Dans l'avenir, mon amour. Laisse-moi reprendre. »

C'était donc en août 1999. Nous avions bivouaqué près des gorges de l'Orkhon, là où le fleuve se jette dans un gouffre de basalte circulaire. L'eau dégageait dans sa chute un nuage de fines gouttelettes. La lumière du soleil captée par l'eau formait un arc-en-ciel au-dessus du fleuve vrombissant. Sur la piste, nous faisions fuir une multitude de petites marmottes surprises par ce bruit de moteur inhabituel. Je pensai à la scène d'*Out of Africa*, un film que je te montrerai un jour, Paul. Au milieu des singes, Robert Redford branche son phonographe : un endroit vierge de tout bruit humain et, soudain, Mozart, un concerto pour clarinette. Moins poétique, les pétarades de notre camion russe étaient loin d'être une musique agréable, mais j'avais le sentiment que nous étions seuls au monde.

Notre convoi roulait en direction de Karakorum. L'amplitude thermique des hauts plateaux m'avait surprise, j'avais attrapé froid. La fièvre montait, et mon estomac me faisait souffrir.

« T'es malade ? Tu peux mourir ?

– Mais non, Paul, tout va bien. »

Byamba Tseelajav, le père de Saran, médecin, avait vérifié ma température en posant sa joue sur mon front et, à l'aide d'une large écharpe de soie, m'avait fait une sorte de garrot autour de l'estomac. C'était si serré que je peinais à respirer ! J'expérimentais la médecine mongole... Tseela était attentionné, doux dans ses gestes. Je lui faisais une confiance totale.

Nous avions prévu de camper au bord de la rivière, mais une pluie drue commençait à tomber, et Tseela préférerait me voir dormir au sec. Nous gagnions donc Karakorum, à la recherche d'un hôtel pour la nuit. C'était le crépuscule, et les rares hébergements de la ville affichaient complets. Il pleuvait toujours. En désespoir de cause, Tsular, l'oncle de Saran, s'arrêta devant la façade éclairée d'un petit restaurant. Il expliqua la situation à la jeune femme qui le tenait, et celle-ci lui confirma que nous ne trouverions pas de chambres à cette heure. Mais, aussitôt, elle offrit l'hospitalité à tout notre groupe chez elle, dans sa maison. Nous étions dix !

Elle ferma sa boutique, et nous la suivîmes jusqu'à un groupement de baraques en bois. Dans l'une d'elles, notre hôtesse vivait : une seule pièce pour elle, son mari, son fils et sa mère. Cette dernière voulait prendre soin de moi : elle arrangea le lit dans lequel elle était couchée, me força à m'y allonger à mon tour, et me borda comme un enfant. J'avoue que je ne résistai pas longtemps, malgré la gêne que j'éprouvais, à prendre le lit de cette petite femme douce et ridée qui, comme une mère, me caressait le front. Jamais un lit ne m'avait paru plus confortable. Notre hôtesse, dont je n'ai jamais su le nom, m'apporta au lit un bol de soupe.

Le lendemain matin, le sol de l'unique pièce – elle ne faisait pas plus de trente ou quarante mètres carrés, c'est plus petit que ta salle de classe – était jonché de corps qui émergeaient peu à peu. Le brouillard qui emplissait mon crâne la veille s'était dissipé, et je visualisais mieux maintenant l'endroit où nous avions passé la nuit. Nous partageâmes un dernier *suutei tsai* (un thé au lait) avant de partir, et offrîmes quelques cadeaux à nos hôtes – bien peu de chose pour exprimer notre gratitude. La jeune femme tint mes mains entre les siennes, son regard plongea dans le mien, et elle m'adressa un sourire qui n'avait rien d'une politesse. Ma petite bienfaitrice des steppes, je ne l'ai jamais oubliée. En la quittant, je me suis demandé si je serais seulement capable un jour de faire la même chose.

Dans la voiture, en nous éloignant de Karakorum, je te raconte cette histoire, Paul, le plus simplement possible. Toi pour qui tout le monde est ton « copain », tu trouves cela naturel, et tu me demandes d'inviter des Mongols à dormir chez nous quand nous serons rentrés en France. Ne pas avoir peur de l'autre, ouvrir la porte, être généreux : oui, tu as raison, mais la réalité de notre monde est parfois plus complexe. Malheureusement, tous les gens que tu croises ne sont pas forcément tes amis.

« Pourquoi, Maman ? »

Comme souvent, je sèche sur une réponse simple à donner. Je te revois tout petit donnant la main à des inconnus sur la plage. Ou bien décréter fièrement que le garçon qui t'a fait une passe au foot une fois est ton « meilleur copain ». Que c'est difficile de devoir t'apprendre, après ce que nous avons vécu, que cette confiance que tu accordes à chaque personne que tu croises est une immense fragilité. J'ai tellement peur que tu sois déçu, blessé, abusé. Ta naïveté charmante, avec les années, me terrifie. J'ai déjà dû recadrer une fois un enfant qui te demandait d'apporter de l'argent ou des bonbons pour être ton ami – ce que tu t'apprêtais à faire.

Nous sommes de retour à Oulan-Bator, où nous avons quelques jours à occuper avant notre départ. Il faut dire adieu à Bagui. Nous avons partagé une aventure intense et, toi, tu ne réalises pas que nous ne nous reverrons probablement jamais. Tu le serres dans tes bras, et puis, comme souvent lorsque tu es ému, tu ris sans raison. Il te dit des mots que je ne comprends pas. Il tient ton visage entre ses larges mains, et vous échangez un long regard. Ses yeux brillent. Il va retrouver lui aussi sa famille, ses enfants qu'il a laissés durant deux semaines. Il a pris soin de nous et il a joué avec toi, petit garçon de l'autre bout du monde.

Je me souviens de la violence du sentiment que j'avais éprouvé en rentrant à Paris au terme de ce mois passé en Mongolie, il y a bien longtemps. Vivre l'expérience de la steppe et, quarante-huit heures heures après, se retrouver dans le métro aux heures de pointe donne l'envie définitive d'abandonner toute « civilisation ». Saint-Exupéry, toujours, écrivait que « pour la première fois, à bord d'un paquebot grouillant de passagers entassés les uns sur les autres, il [lui] semblait comprendre le désert ». Fatalité du développement économique : je dois avouer que la capitale mongole me fait le même effet – trop de monde, trop de voitures, trop de bruit. J'éprouve déjà la nostalgie de l'espace.

Et puis le voyage touche à sa fin. Je freine, je me cabre, je sens qu'on va me remettre la bride après cette grisante bulle de liberté. Pourquoi ai-je le sentiment que c'est à moi que l'on met des fers en revenant à la vie citadine ? Nous allons revenir à notre réalité. Elle est déjà là. Tes intérêts restreints, mon Paul, que nous avions tous deux occultés quelques jours, reviennent en force. J'essaie de t'emmener dans des musées – un peu ma hantise, pourtant, depuis qu'il y a quelques années on nous a demandé de quitter une visite en cours au château de Versailles. Tu t'allongeais sur les parquets, criais lors des explications du guide, courais partout. Mais tu as progressé, depuis ! Le magnifique muséum d'Histoire naturelle d'Oulan-Bator est malheureusement fermé pour rénovation. Alors, sur les conseils de Saran, je t'emmène voir le musée des Jeux.

Nous nous perdons dans la ville. Deux jeunes Mongols auxquels je demande ma route et qui ne parlent pas anglais nous proposent de nous y emmener. Je décide de faire confiance. Ici, oui, j'y parviens. Je te fais monter dans la voiture d'inconnus, nous rions de ne pas nous comprendre. J'avais simplement pointé du doigt sur une carte notre but, et ces jeunes gens adorables nous déposent à bon port sans rien demander en retour. Le contre-exemple de ce que je t'apprends en France. Je peux parfois être aussi paradoxale que toi, mon fils !

Le musée est certes passionnant, une guide enthousiaste nous explique en anglais le fonctionnement de puzzles et jeux traditionnels, elle nous fait même quelques tours de magie. J'essaie de te faire la traduction simultanée, mais tu t'en moques. Ta seule obsession est de sortir du bâtiment, de te poster au bord d'une route pour regarder les voitures.

Une partie de moi espérait que cela disparaîtrait, un peu. Et je m'en veux de l'avoir pensé, de la sentir toujours, cette fragilité viscérale, celle de chaque parent d'enfant autiste qui, à un moment donné, rêve que tout redevienne « normal ». Cela nous rend parfois manipulables, sensibles aux vendeurs de miracles, aux charlatans. Saloperies de normes ! Je ne veux pourtant pas, ou *plus*, te « normaliser », Paul. Je veux juste favoriser ton inclusion, développer les opportunités d'apprentissage, te respecter dans ta singularité mais t'aider à mieux comprendre l'environnement dans lequel tu vis, t'offrir une place.

Alors je me raccroche à ce qui a fonctionné, on reprend les méthodes comportementales : tu te tiens bien, mon Paulo, tu fais un effort d'attention dans ce musée, et nous irons nous asseoir dans un café pour regarder la circulation, une heure ou deux, tu prendras en photo des plaques d'immatriculation...

Ah, cette obsession des voitures et des plaques ! Tu connais par cœur le numéro de celle d'Emmanuelle, ton AVS ; les modèles de voiture de tous tes copains de classe, de ta maîtresse, de mes amis n'ont pas de secret pour toi. Si bien que, lorsqu'on se balade en ville, tu peux me dire qui vient de passer sur le boulevard.

Dans l'appartement qui nous est prêté à Oulan-Bator, nous nous retrouvons en tête à tête, et j'essaie de te faire travailler. Tes acquis sont si fragiles, et l'efficacité de la thérapie comportementale que nous avons commencée il y a trois ans repose en grande partie sur la régularité et la répétition, sur un investissement parental au quotidien. L'ABA n'est pas une méthode miracle, un livre de recettes. Chaque programme est personnalisé selon les difficultés de l'enfant. En réalité, c'est l'éthique du professionnel, sa connaissance de l'autisme, les besoins individuels et les souhaits des familles qui vont déterminer ces cibles. Voilà pourquoi l'ABA peut être mise en œuvre de mille et une façons différentes.

Damien et Estelle, via leur association, m'ont fait gagner un temps précieux en me présentant David, ton thérapeute diplômé, expérimenté, efficace. Pour chaque difficulté comportementale, cognitive, il me propose des microétapes, un séquençage qui nous a permis de belles victoires. Mais il est vrai que je suis devenue la garante journalière de la mise en application de ces programmes.

Les débuts ont été douloureux : j'ignorais tout, notre mode de vie a entièrement été remis en question. Le premier travail que nous avons mené portait à la fois sur l'acquisition de la lecture et sur tes capacités de concentration – très limitées, ce qui entravait tout le reste. J'ai plusieurs fois été interpellée, voire agressée, à cause du choix de thérapie que j'avais fait. C'était évidemment par des gens qui n'y connaissaient rien. Voilà encore qu'on me soupçonne de maltraitance. Le cliché récurrent, c'est l'assimilation des thérapies cognitivo-comportementales au dressage, notamment parce que l'on utilise des « renforçateurs ». Il s'agit de trouver des stratégies pour motiver l'enfant, ce dont chaque être humain a finalement besoin pour accomplir une tâche.

Les renforçateurs matériels – notamment alimentaires – ont duré très peu de temps pour toi, Paul. Au début, tu ne demandais, au terme d'une séance de travail, rien qui soit en interaction avec nous. Je me souviens qu'après avoir réussi à associer deux sons tu avais voulu visionner un clip de Stromae ; d'autres fois, tu réclamais un jeu vidéo simulant un parcours dans le métro parisien. Puis, petit à petit, ce qui t'a motivé, c'était de jouer à cache-cache dans la maison, ou de faire une partie de foot dans le jardin avec ton AVS, ton psychologue et moi. Quelques minutes parfois seulement avant d'aborder un autre exercice. Aujourd'hui, un simple bravo en classe de la part d'Emmanuelle, de ton enseignante ou de tes camarades peut te permettre de reprendre le travail avec enthousiasme.

Je n'ai jamais regretté le choix de l'ABA : ta concentration sur une tâche s'est considérablement améliorée, très rapidement nos efforts communs ont été récompensés. Finalement, le renforçateur le plus puissant, ce sont tes progrès eux-mêmes, une motivation sociale et affective. Tu as perçu la menace de ton exclusion, et je suis convaincue, pragmatique, que la thérapie que nous avons mise en place t'en a éloigné.

En Mongolie, tu as lu chaque jour de notre voyage, avec un immense plaisir. L'entrée dans la lecture a été une telle victoire pour toi et pour moi que c'est un exercice qui n'a rien d'une contrainte. D'un seul coup, le champ des possibles s'est élargi, et tu l'as parfaitement compris. J'ai un peu laissé de côté ici les mathématiques, pour souffler.

En fin d'année scolaire, tu avais beaucoup progressé, parvenant à poser des soustractions avec retenue – avancée considérable ! Alors, histoire d'entretenir tes compétences, je te demande de résoudre quelques additions simples. Tu t'en révèles incapable, tu finis par me dire n'importe quoi, que 5 +2 font 4. Ce que je croyais durablement acquis a disparu…

Tes difficultés cognitives me reviennent en pleine figure, comme une gifle. Je m'énerve, je crie pour la première fois depuis des semaines, je te dis que tu le fais exprès, je pleure. Tu t'allonges par terre et te couvres la tête de ton t-shirt. Tu dis : « Pardon Maman ! » Et là, je me déteste.

Non, c'est moi, Paul, qui te demande pardon. Ma peur de ne pas faire assez me rattrape, encore. Ma peur de l'avenir. Nous avons appris tellement au contact de la nature et des nomades. Cette pause était nécessaire, salutaire. Tu es courageux, tu n'as pas le choix... Tu n'es qu'un enfant qui fait de son mieux et qui est empêché. Je suis si fière de toi. Mais tu dois te construire avec l'autisme et, dans ce monde, tu n'as pas le choix, et moi non plus.

Laissons tomber tout cela pour l'instant, Paul. On va sortir faire un tour et, de retour en France, on reprendra tout, de zéro s'il le faut. 1+1 = 2, 2+2 = 4. Et je sais que tu y arriveras.

Tu finis la journée en jouant au foot avec les gamins du quartier, à Oulan-Bator, comme n'importe quel autre gamin, et c'est très bien ainsi. Je te vois courir, passer la balle, rire, applaudir, et je pense à la réussite fondamentale de ton inclusion scolaire. Tu as maintenant de vrais copains qui prennent soin de toi d'une façon extraordinaire. J'ai été plusieurs fois émue aux larmes des actes spontanés de tes camarades, qui se sentent investis de tes progrès. Cette médaille de carton qu'ils ont fabriquée et qu'ils t'ont remise en classe pour te féliciter d'avoir su conjuguer un verbe, les applaudissements fournis lorsque tu passes au tableau pour réciter un poème, les garçons qui se disputent le droit de s'asseoir à côté de toi pour t'aider, les anniversaires où tu es maintenant souvent invité et impatiemment attendu.

Dans la mesure où tu agis et apprends beaucoup par mimétisme, cette insertion dans la vie ordinaire est un gage essentiel de progrès, mais qui n'est pas à sens unique. Les autres enfants apprennent à ton contact, la solidarité, la bienveillance, le respect des différences, les richesses de chacun qui sont toujours à découvrir. Un petit garçon que je connaissais à peine a couru vers moi un soir dans la cour pour me dire, avec tant de vérité dans la voix : « Paul a lu devant toute la classe, aujourd'hui. C'était vraiment super ! »

À l'heure où j'écris ces lignes, tu fais désormais la même dictée que tes camarades de CM1, tu peux écrire quelques lignes de rédaction, et tu sais poser une multiplication à retenue et identifier des fractions simples.

Quelques jours avant le départ, Saran et sa maman, qui ont fait preuve de tant de générosité et d'une infinie patience à notre égard, profitent bien naturellement l'une de l'autre et de leur famille. Nous allons quant à nous, pour clore en beauté le séjour, faire une dernière randonnée dans la réserve naturelle de Khustaïn Nuruu, à cent kilomètres au sud-ouest d'Oulan-Bator.

La réserve a été créée en 1993, afin de protéger l'écosystème de la steppe forestière, menacée par la surexploitation des terres. Elle couvre plus de cinquante hectares de terrain et abrite de nombreuses espèces de mammifères et d'oiseaux, parmi lesquelles le cerf rouge, la gazelle de Mongolie, le gypaète barbu, le loup gris, le lynx, le renard roux, l'aigle royal…

Un des grands succès de cet espace préservé tient à la réintroduction du cheval de Przewalski. Il porte aussi le nom mongol de *takhi*, le dernier véritable cheval sauvage au monde. Décrite pour la première fois au XIXe siècle par un naturaliste polonais du nom de Prezwalski, cette espèce endémique de Mongolie a disparu dans les années 1960. La Fondation pour la préservation et la protection du cheval de Przewalski, créée aux Pays-Bas, et le gouverneur du Khustaïn Nuruu ont participé à la réintroduction des takhis à partir d'une souche de douze chevaux vivant en captivité. Les premiers arrivèrent au parc de Khustaï en 1992. L'année suivante est né le premier poulain de la réserve.

À partir de la deuxième génération, les chevaux se réhabituèrent à la vie en liberté – après des années passées en captivité dans les zoos. Tous les deux ans, et cela pendant dix, plusieurs envois de chevaux furent organisés. Un bel exemple de ce que la volonté de l'homme peut rattraper de ses erreurs passées. Aujourd'hui, la population des takhis dépasse les deux mille individus.

Des peintures découvertes dans des grottes françaises les présentent comme les ancêtres du cheval domestique, mais leur ADN est doté de deux chromosomes supplémentaires (soixante-six au lieu des soixante-quatre). Une particularité invisible. Pareils, mais différents… Le cheval de Przewalski est mon Graal, un emblème. Je veux le voir, libre, dans son habitat naturel. Cette quête est aussi l'occasion de dire au revoir aux grands espaces.

Dans la réserve, nous avons la chance d'avoir un guide anglophone, rien que pour nous deux. Il nous explique que, dans ce parc protégé, c'est la nature qui dicte sa loi : cinq poulains ont été tués par les loups depuis le début de l'année ! Les combats des étalons entre eux sont également très violents, et se terminent parfois par la mort de l'un d'eux.

Nous ne sommes pas assurés de pouvoir les observer ; il nous conseille donc de profiter de cette randonnée sans rien espérer de particulier. Nous sommes déposés en voiture au cœur de la réserve, et nous nous mettons en marche. Nous croisons des marmottes, des sousliks, des aigles, des gazelles... Et, après deux heures de recherche ardue, épiant chaque versant des montagnes, nous repérons enfin un petit groupe à l'aide de jumelles.

Nous gravissons un pan de montagne au-delà duquel trois ou quatre chevaux paissent sur un plateau. Nous grimpons, escaladons quelques rochers, en espérant ne pas les faire fuir. Tu te diriges vers eux, sûr de toi, très calmement mais sans te cacher. Comme cette vision me comble, petit homme avançant vers un sommet, d'un pas décidé, devant moi à la découverte des derniers chevaux sauvages ! Et je suis sidérée de voir qu'ils se laissent approcher à quelques mètres. C'est magique.

Les takhis, dont le nom mongol signifie « sacrifier », « respecter », ne semblent absolument pas gênés par notre présence. Leur tête est plus carrée et plus large que celle du cheval domestique, et leurs pommettes sont moins saillantes. Leur crinière ressemble à une brosse, la couleur de leur robe varie du brun à l'ocre, avec des marques blanches autour des yeux et des nasaux, et ils ont des zébrures noires au niveau des pattes. Nous restons une heure à les observer s'ébattre, avant qu'ils ne disparaissent au détour d'un rocher. Nous sommes tellement chanceux, Paul ; je suis si heureuse de partager cela avec toi au terme de cet incroyable périple que nous avons accompli tous les deux. Nous avons pu rester un temps éloignés d'un monde en péril, des contradictions humaines, opérer un retour vers l'essence de la vie, la véracité de la nature. Et, tout à coup, je te trouve grandi.

Nous observons encore un peu, en silence, le paysage somptueux. Au coucher du soleil, avant que de redescendre vers le campement, tu me parles…

« Quand je serai grand, je serai plus autiste. »

Nous échangeons un long regard. Ce n'est pas la première fois que tu me dis cela. En fait, tu l'évoques chaque fois que tu sens que tu as accompli de grands progrès. Qu'est-ce qui te fait sentir différent, Paul ? Est-ce que cela te fait souffrir ?

Je me souviens de la première fois où tu t'es interrogé, où tu as exprimé une prise de conscience de tes difficultés. Elle est venue du monde extérieur, naturellement. Tu devais avoir 8 ans. Tu es rentré de l'école, avec cette question à laquelle je n'avais pas préparé de réponse et que pourtant je redoutais. « C'est quoi, handicapé ? » Un garçon de ta classe te l'avait asséné : « Toi, Paul, t'es pas comme les autres. T'es handicapé. » J'avais alors dû bredouiller quelque chose, saisie par l'émotion. Te dire que tes difficultés ne te définissaient pas, que je t'aiderais à les surmonter, que j'avais confiance en toi.

Je n'aime pas le mot « handicapé ». L'autisme, parce que la société n'accepte pas, ne s'adapte pas à tes particularités sensorielles, tes obstacles cognitifs, crée des situations de handicap. Mais l'être humain que l'on est, en soi, n'est pas un handicap. Nous faisons tous avec ce que nous sommes. Aujourd'hui, tu as conscience de tes difficultés d'apprentissage, et tu te montres très courageux pour les dépasser. C'est parfois toi qui me réveilles le week-end en me disant : « On va travailler, Maman ?! » Oui, c'est vrai, ton avenir est incertain. Tu m'as déjà demandé si tu irais au collège. Cela fait trois ans que tu suis les mêmes copains de classe, ton intégration s'améliore chaque année. Tu ne veux pas que cela s'arrête. Je ne peux pas te répondre, Paul. Je ne sais pas de quoi demain sera fait. Mais je sais que, quand tu seras grand, mon fils, tu seras toujours autiste.

J'aimerais tant que tu prononces un jour cette phrase autrement que comme un mécanisme de défense mais parce que tu le croirais sincèrement, celle qu'Olivia Cattan a imaginée pour une campagne de sensibilisation de SOS Autisme : « Je suis autiste, et alors ? » On ne guérit pas de l'autisme, ce n'est pas une maladie, Paul. Mais on peut progresser, apprendre et vivre avec en étant heureux. Tu es merveilleusement différent, nous le sommes tous. C'est ton chemin, mon fils, et je t'accompagnerai autant que je le peux.

Les chevaux sauvages s'éloignent paisiblement dans le crépuscule. Notre position en surplomb nous permet d'admirer encore un peu ces vastes étendues. Dans quelques jours, nous serons de retour chez nous. Pour cet adieu à la steppe, je te propose de laisser parler nos entrailles, de pousser un cri qui sera porté par le vent. Un cri à s'en casser les cordes vocales. Un cri de souffrance, un cri de rage, un cri de joie, un cri d'amour. Laissons-le partir, il voyagera longtemps, au creux des vertes vallées, au sommet des montagnes, le long de l'herbe rase, au fil de l'eau, sur le dos d'un cheval, à travers les grands espaces vierges, et plus loin, plus loin.

ÉPILOGUE

HEUREUX QUI COMME ULYSSE...

Voilà, tout a une fin.

Ou bien non, tout continue. Chaque rencontre de ce voyage est une richesse, chaque seconde passée avec toi, mon fils, la constitution de notre trésor commun. Notre route sera longue, nous aurons besoin d'y puiser des forces. L'aventure peut sembler modeste, mais, à l'aune de notre histoire, de ton parcours, elle porte un souffle épique.

En quittant la terre mongole, je repense à ce poème de Du Bellay :

« Heureux qui, comme Ulysse, a fait un beau voyage,

Ou comme cestuy-là qui conquit la toison,
Et puis est retourné, plein d'usage et raison,
Vivre entre ses parents le reste de son âge ! »

La baie de Somme ne ressemble pourtant pas à Ithaque, le point final. Tel Ulysse, nous errerons encore longtemps sur des eaux agitées, et nous rencontrerons bien des obstacles à surmonter. Mais je crois pouvoir affirmer que tu as été heureux de vivre cette aventure, et fier de t'en montrer capable : quitter ton environnement quotidien, entrer en relation avec des gens dont tu ignorais tout, qui ne parlent pas la même langue que toi, qui n'ont pas les mêmes coutumes ; dépasser tes peurs, vivre dans une nature dont l'immensité donne le vertige. Un défi, une conquête. Et, riches de tout cela, nous sommes heureux de rentrer chez nous, mon Ulysse, mon petit prince.

L'impatience est là, maintenant, de retrouver ton foyer, tes frères. Tu l'exprimes. « C'est bizarre, j'ai tout le temps Octave et Gabriel dans ma tête. » J'ai guetté comme une assoiffée tout au long du voyage la moindre parole, tes réactions, tes émotions. Mais c'est si difficile pour toi de raconter, et même d'identifier clairement ce que tu ressens. Alors j'ai écrit, en espérant qu'un jour tu liras, et que ce sera fidèle à ce que tu as vécu. C'est fidèle, mon fils, à ce que j'ai vécu.

Je porte la Mongolie dans mon cœur, j'y ai rencontré des hommes et des femmes exceptionnels, vécu deux aventures inoubliables. Saran, sa famille, les nomades incarnent des valeurs rassérénantes. Mais, de retour dans mon Nord, je sens l'attachement viscéral que j'ai pour ma terre natale. « On est de son enfance comme on est d'un pays », écrit Saint-Exupéry. Et elle était magnifique, mon enfance sur les plages de la baie de Somme. J'en connais certains paysages comme les lignes de ma main. Mes racines.

Le mode de vie des nomades m'a renvoyée à un essentiel. La beauté est là, partout, il suffit d'ouvrir les yeux. Les lumières d'un soleil couchant sur la baie miroitante, le vol d'un oiseau au ras de l'eau, les fleurs de pommiers qui embaument, les lambeaux de brume matinale au-dessus des étangs, la mésange qui vient picorer dans le jardin, les enfants qui courent sur la plage, le joyeux bruit d'une tablée familiale, et celui du vent et des vagues... Des trésors au quotidien.

Oui, j'ai été gâtée par la vie. Une enfance douce et rassurante, des parents aimants, une scolarité sans problème, des amis fidèles. Une belle histoire d'amour. Des certitudes. L'insouciance de mes 20 ans, où je me croyais insubmersible. Et mes trois enfants, mon essentiel. Puis j'ai découvert l'envers du décor. Vivre avec le handicap aujourd'hui en France, pour un enfant et sa famille, c'est vivre l'incertitude, la précarité, les préjugés. Même si, il faut être juste, c'est aussi vivre – et c'est si beau lorsque cela se produit – la main tendue, la solidarité, la bienveillance.

Je ne suis pas porte-drapeau, et Paul n'est pas un héraut de l'autisme. Je ne suis qu'une maman qui a entamé avec son enfant un long voyage qui n'était pas prévu, à l'image de milliers d'autres dans notre pays. Oui, avant toi, j'ignorais tout cela, comme je le chantais le jour de ta naissance.

Tu vas avoir 11 ans, et je ne sais pas de quoi demain sera fait. Je suis entrée dans le monde de l'autisme et dans une bataille permanente. Bataille pour le diagnostic – quatre ans d'errance sans pouvoir mettre un nom sur le combat à mener. Bataille pour la scolarisation. Bataille pour obtenir les aides qui rendent possible cette inclusion scolaire. Bataille pour une thérapie adaptée. Bataille contre le fatalisme – combien m'ont dit de lâcher, de me soulager en te plaçant hors du système scolaire ordinaire ? Mais tant de victoires, tant de victoires.

Le puzzle prend forme, une histoire faite de renoncements, de rencontres, de deuils, d'échecs, de victoires, de bonheurs intenses, de douleurs profondes. L'histoire d'une vie qui est précieuse au même titre que toute autre. L'histoire d'un voyage inattendu. Mais n'en est-il pas ainsi de toute existence ?

Et ce voyage est irrigué, imprégné de chansons, de films, d'auteurs, de femmes et d'hommes qui ont marqué ma vie, notre vie, Paul. Et surtout, surtout des enfants extraordinaires, dont les visages m'apparaissent en filigrane, derrière ces lignes – Victor, Nathan, Ankha, Ruben, Louis, Aymeric, Édouard, Rowan, et tant d'autres. Palimpseste émotionnel.

Tu m'as ouvert des horizons, mon fils. Le voyage que nous avons entamé est une magnifique aventure humaine. Sans angélisme, parce que justement tu m'as offert de voir le plus hideux comme le plus beau. Je décide de voir le meilleur. Toutes ces histoires familiales, d'amitié, d'entraide, d'amour, de fraternité constituent mon fil conducteur. Quel est le sens d'une vie sans cela ? Tu es le catalyseur, Paul. Du fond du cœur, merci.

Je voulais parler de mon fils, raconter son histoire. Celle d'un enfant venu au monde avec cette particularité. Un petit garçon formidable qui aime sa famille et ses copains, qui n'aspire qu'à être heureux, à avoir un avenir.

Une rage terrible me prend au ventre chaque fois que je pense qu'on voulait l'exclure à 4 ans. J'ai passé des années à taire son handicap, à vivre cela dans la solitude. Et puis cette injustice pour lui comme pour tant d'autres m'est devenue insupportable. Ma seule prétention est de montrer à ceux qui voudront me lire l'être formidable qu'il est, défendre son droit à une vie digne de ce nom.

Quelle société peut se regarder en face en mettant au ban ses enfants différents ? Cela doit changer, cela va changer. Mais il faut pour cela que chacun change son regard sur celui qui n'est pas « dans la norme ». J'y crois. Le changement de regard sur l'autisme doit porter haut la devise de la France.

Liberté. Nous sommes libres, mon fils, tu es libre d'être toi, de vivre pleinement ta singularité, de ne pas entrer dans le cadre.

Égalité. Tu es un citoyen à part entière, avec des droits, celui fondamental d'avoir accès à l'éducation, d'envisager l'avenir.

Fraternité… « Ce commencement de fraternité qui s'appelle la tolérance », écrivait Hugo en 1878 dans son discours pour Voltaire.

L'aventure « Paul en Mongolie », c'était aussi nous octroyer, revendiquer le droit de rêver, de faire des projets, de les voir aboutir, d'avoir envie et refuser de dire que c'est impossible. Vivre, vivre intensément, sans refuser la réalité, mais sans plier sous le poids d'une fatalité mortifère.

Notre voyage continue, Paul.

L'amour et le combat aussi.

REMERCIEMENTS

Dans ce long voyage, vous êtes si nombreux à m'avoir accompagnée…

Merci Maman. Tu pensais en avoir fini de ta mission, et me voilà revenue ! Nous avons, les garçons et moi, tant de chance que tu sois à nos côtés. Je t'aime. Merci mes fils, mes boussoles. Merci Gabriel et Octave de m'avoir laissé ce temps pour voyager, pour écrire, et pour travailler chaque jour à l'avenir de votre frère. Thomas, Arnaud, fière d'être votre sœur. Merci Paco pour ta patience et pour m'avoir fait découvrir la force de l'amour qui t'unit à Robin, et le combat qu'il t'a permis de mener. La famille ! Un petit clin d'œil spécial à ceux qui m'ont si bien entourée dans mon retour aux racines : Fabienne, Louise et Jeanne, Caroline et Jean-Marie, et Thierry – mes oncles aux mains d'or. Bibiche et Jean-François, Blan et Romain, Myvonne, Jo et Danielle… Vous êtes trop nombreux, mais tous dans mon cœur. Merci Charlie pour notre chemin de vie en commun, pour nos trois enfants. Merci Myriam pour le merveilleux exemple de combativité.

Bayarlalaa ! Merci Saranguerel Tseelajaav, Delgue, Niamsuren, Odguerel, Dadji, Tsolmonguerel, Tsular, Narantsegtseg, Bayar, Ariuna, Maga, Bagui… Et tous les nomades qui nous ont accueillis et ont rendu possible cette parenthèse magnifique. Merci Angeline d'avoir si gentiment partagé ta maman et ta grand-mère.

Merci Estelle et Damien Dezoteux, pour la main tendue qui m'a sortie de ce long tunnel, pour ce combat que vous avez pris à bras le corps, et dans lequel vous nous avez heureusement embarqués. Merci Emmanuelle et David pour les victoires de Paul, qui sont aussi les vôtres. Merci à tous les bénévoles qui participent aux actions d'OnTED autrement, notamment Éric Deston, les Flying Strings, Thomas VDB.

Merci Brigitte pour ton écoute bienveillante d'hier et d'aujourd'hui, pour ta sincérité, ton engagement, pour nous avoir fait vivre ce merveilleux souvenir de notre jeunesse.

Merci Noëlle pour la prise de risque, pour ta confiance instinctive, et pour m'avoir guidée dans cette aventure.

Merci Claude Askolovitch d'être venu jusqu'à moi, d'avoir pris le temps de m'écouter, d'avoir compris et d'avoir restitué avec tant de justesse et de sensibilité l'histoire.

Merci Alexandre Ifi pour nos échanges, pour les conseils avisés, rassurants et bienveillants.

Merci mes amis, si précieux. A. et C., mes frangines. Charlotte Danzel d'Aumont et Anne Saporta, mes conseillères et tellement plus, toute la famille Osorovitz, Patrice, Anne, Madeleine, Lili, Mick – j'étais si bien chez vous pour écrire, mon foyer bis ! Je vous adore. Aminthe, Benjamin, Sophie, Tania, Valéry, Pierre, Priscille, Gilles, Marie(s), Anna, Soph, Laurent, Fred, Sév… Je n'ai pas été très disponible ces derniers mois, mais on va rattraper. Merci le groupe de la Gauloise pour ces matinées ensoleillées de votre présence et mon intégration abbevilloise. On va gagner ! Les anciens du théâtre de la Pro, à quand les retrouvailles ?

Merci mes collègues et ami(e)s qui ont suivi notre parcours, ceux de B2C, Géraldine you rock, Soline, les surfeurs de mon cœur, Priscille ma sénégauloise canadienne, liste trop longue, je n'oublie rien, vous me manquez… Et les deux LN, Angélique, France-Claire, Zoé, Conci… Toute l'équipe de NDF qui m'a ouvert les bras pour ce changement de vie.

Merci aux responsables d'associations, aux militants de l'autisme, ceux qui sont dans la lumière et ceux de l'ombre qui bataillent inlassablement chaque jour.

Merci aux enseignant(e)s qui relèvent et ont relevé le défi de l'adaptation, vers une école inclusive.

Oui, exercice difficile, la liste n'est pas exhaustive. Alors, à vous tous : MERCI !

Que notre vie soit pleine de l'essentiel.

Je nous souhaite de changer de regard, et de voir toujours plus la beauté que la laideur de ce monde.

TABLE

Composition réalisée par Belle Page

Imprimé par CPI
en avril 2018

PAPIER À BASE DE
FIBRES CERTIFIÉES

Fayard s'engage pour
l'environnement en réduisant
l'empreinte carbone de ses livres.
Celle de cet exemplaire est de :
0,650 kg éq. CO_2
Rendez-vous sur
www.fayard-durable.fr

Imprimé en France
N° d'impression : 3028308
69-5593-0/01